AF192010

Claus Bork

DEER

Vorwort

Es gibt ein Zusammenspiel, das sich nicht unmittelbar zeigt, das sich auch nicht messen oder wiegen oder schätzen läßt, so wie die Menschen zu messen, wiegen oder schätzen lieben. Daß man etwas mit bloßem Auge nicht sehen kann, bedeutet nicht, daß es nicht existiert. Denn die Quelle der geistigen Stärke, kann nur mit dem, was man in seinem Inneren fühlt, empfunden werden.

Daß alles auf der Welt nach den Regeln der physischen Existenz gemessen wird, bedeutet nicht, daß es nie anders gewesen ist.

Aber es zeigt, daß etwas unterwegs verlorengegangen ist. Das Paradoxe ist, daß nur beim Wiederfinden des Verständnisses für - oder der Anerkennung von - der Balance zwischen dem, was man die äußere - und die innere Welt nennen könnte - es vermieden werden kann, daß jene unsere äußere Welt sich selbst vernichtet.

Verlag: BoD – Books on Demand, Kopenhagen, Dänemark
Buchdruck: BoD, Books on Demand, Norderstedt, Deutschland
Übersetzung: Susanne Richter, Ellerdorf, Deustchland
Umschlagbild: Claus Bork
Grafik und filework: Lene Holm, Graphique, Dänemark
ISBN: 9788771702149

1. Kapitel

"Wenn die Erde krank ist, werden die Tiere anfangen zu verschwinden. Dann werden die Regenbogenkrieger ausziehen, um sie zu retten."

"Es ist Zeit," flüsterte eine Stimme.

Es war still. So still, als wenn nur der Wind in den Baumkronen, das Donnern der schwerfälligen Fluten am Strand, der Sand, der über die Wüsten fegte, die Gletscher, die über die Felsen scharrten - und die Vulkane, die tief unter der schlackigen Kruste der Krater brodelten, existierten.

"Es ist Zeit..." Eine leichte Änderung im Tonfall ließ erkennen, daß es eine zweite Stimme war, die sprach. Sie kam von einer Stelle, ein Stückchen weiter weg, zwischen den dahintreibenden Wolken. Es war ein Flüstern, aber es war doch so mächtig und intensiv, wie das gewaltigste Donnern, denn nichts konnte es aufhalten oder daran hindern, gehört zu werden.

Es breitete sich von der Erde zu den Wolken aus, wurde mit dem Wind zur Sonne, in die Berge und die Ebenen und zu den Meeren tief unten getragen.

Es war eine andere Welt - denn sie war beides zugleich - lebendig und tot. Es gab das Leben, das man in den Wellenbewegungen des Meeres gegen die Kontinente finden konnte, und im Flug der Wolken unter dem blauen Himmel - über der grünen Erde.

Und auch das war das Leben, dessen Gesang das Rascheln der Blätter im Wind war, das Wispern des Strandhafers über den Dünen und das gedämpfte Beben des ungehemmten Wachstums des Urwalds.

Das mächtige Flüstern breitete sich mit dem Wind über der Welt aus, wo es die gewaltigen Kräfte zum Leben erweckte.

Der Geist der Wolken stieg aus seiner überirdischen Welt herab. Der Geist der Luft schloß sich ihm an. Aber es war er, der Geist der Wolken, der das erste Mal gesprochen hatte. Der Versammlungsplatz glich keinem Ort in ihrer Welt. Ein Felsplateau, das sich wie eine Landzunge ins Meer schob, auf drei Seiten vom Meer umspült, war der Platz, auf dem die ersten warteten. Sie nahmen ihre Geistergestalt an und warteten ab, bis sich die übrigen ihnen anschließen würden. Das Getöse der Wellen, die sich an den Felsen brachen, vermochte sie nicht abzulenken. Sie wußten, daß diese Versammlung von entscheidender Bedeutung war. Jeder hatte sich für sich selbst abwartend verhalten, aber sie hatten nie daran gezweifelt, daß es passieren würde - denn es mußte geschehen.

Nun hatten sie sich dergestalt gekleidet, wie es notwendig war, damit Menschen sie begreifen, über sie schreiben und versuchen konnten, sie zu verstehen. Es war alles eine Gemeinschaft für sie, und doch gab es Unterschiede. Für sie selbst hatte es keine Bedeutung, auf welche Weise diese auftraten.

Der Geist der Berge hatte sich ein wenig abseits von den anderen gestellt. Vom Felsrand schaute er hinab auf die Schaumkronen der Wellen am Fuß des Felsens. Seine Bewegungen waren langsamer und schwerfälliger, als die der meisten anderen, obgleich er nicht zu den Ältesten der Versammlung gehörte.

Die Geistfrau des Dschungels wartete ungeduldig auf das, was geschehen würde. Sie hatte in sich solch einen hektischen und eifrigen Willen und so eine Energie zu leben und zu wachsen, daß es ihr schwerfiel, sich ruhig zu verhalten.

Der Geist der Wüsten stand in ihrer Nähe. Er fühlte sich gleichzeitig angezogen und abgestoßen von ihrer Lebenslust, aber er hatte wie sie die Notwendigkeit eingesehen, daß man im Umgang miteinander Respekt vor der Existenz des Anderen hatte.

Sie hatten eine Art Balance gefunden, obwohl es am Anfang niemandem sehr leicht gefallen war. Im Gegensatz zu ihr, betrachtete er seine Umgebung mit einer stoischen Ruhe und Selbstbeherrschung, was in starkem Kontrast zu dem stand, was die Geistfrau des Dschungels ausstrahlte.

"Sie schaffte es nicht ..." flüsterte die Stimme. Die Stimme des Alten. Die Worte waren nur ein Gedanke im Wind, ein Gedanke, der fähig machte zu begreifen.

"Sie ist immer noch nicht bei uns."

Sie sahen einander an; ließen ihre Blicke im Kreis herumwandern, als würden sie miteinander sprechen. Aber in Wirklichkeit war es überflüssig, weil es ihnen völlig klar war, worüber er berichtete.

"Ich verstehe das nicht." sagte der Geist des Windes. "Vielleicht wollte sie die Welt nicht verlassen, wo er ..."

Es herrschte ein bedrücktes Schweigen. "Er..." hatte eine unsichtbare Wirkung, und der Geist des Windes schwieg.

"Vor nicht allzu langer Zeit hatten wir Kontakt mit ihnen, oder besser: sie hatte Kontakt mit ihnen. Und vielleicht glaubten wir, das würde eine Veränderung bedeuten." Der Geist der Wolken erhob die Hände. "Das, was falsch war, könnte gewesen sein, daß der, an den wir uns gewendet haben, der Verkehrte war."

"Wie war er verkehrt?" fragte der Geist der Flüße.

"Sie war beseelt von dem Gedanken in Harmonie mit den innersten Idealen und in Harmonie mit den Geistern der Welt zu leben. Aber sie war nicht die Stärkste. Darum zeigte es sich, dass unser Einsatz keinen Wert hatte."

"Sie nannten sie Manitou, lachte der Geist der Wüsten heiser.

"Es hat keine Bedeutung, wie sie sie nannten," bemerkte der Geist der Meere. Er war der Größte von allen. Der Geist der Wüsten sah weg und ignorierte ihn.

"Aus dem einen oder anderen Grund, der mir nicht bekannt ist, reiste sie nicht mit uns anderen zusammen," sagte der Geist der Wolken erklärend. "Es kann viele Ursachen dafür geben."

Sie nickten, um ihn nicht zu unterbrechen. "Ich glaube," setzte der Geist der Wolken fort, "daß man den Grund ihres Verschwindens darin suchen muß, was wir alle mehr oder weniger in unserer eigenen Erinnerung haben, und wie wir es gemacht haben, als wir wählten, wie wir es tun sollten. Darum müssen wir ihr helfen, denn sie schafft es nicht länger allein. Sie hat sich in ihrer eigenen Welt versteckt - mitten in unserer Gemeinschaft. Ein Platz, wo nicht einmal er sie finden kann." Als er wieder das Wort "er" sagte, starrten sie vor sich hin und standen unruhig da, abwartend, wie seine Rede enden würde.

"Sie lebten in Furcht vor ihm und aus Furcht vor ihm, beschloß sie, sich ein Versteck zu suchen - anstatt Trost und Unterstützung in unserem Kreis, der Gemeinschaft der Geister, zu suchen."

"Sie hat es so gewollt, kann man sagen," murmelte der Geist der Wüsten.

Man könnte vielleicht sagen, daß sie verschieden waren, die Geister der Welt - genau, wie die Menschen verschieden sind. Aber trotz ihrer Unterschiedlichkeit waren sie sich einig über den Ursprung und das Vorhandensein der seelischen Kraft, die alles in der Welt bewegte - und bewegen mußte.

"Ist es zu spät?" fragte die Geistfrau des Dschungels ungeduldig. Sie trat rastlos von einem Fuß auf den anderen, als würde es ihr schwerfallen, sich länger ruhig zu verhalten.

" Es müßte sehr spät sein, wenn es zu spät wäre," antwortete der Alte.

Das drückende Schweigen senkte sich wieder über sie. Sie fühlten Verwirrung und Ratlosigkeit, wie eine schwache Kräuselung ihres Bewußtseins. Sie konnten den Glauben, daß es zu spät war, nicht zulassen.

"Viel in uns wird sterben, wenn sie stirbt!"

Der Geist der Wolken streckte eine weißverschleierte Hand zum Himmel hinauf. Er betrachtete sie einen nach dem anderen kurz, und sie meinten zu wissen, was er sagen wollte.

Sie wählten ihn. Nicht nur, weil er der Älteste, und somit von Anfang an der Tonangebende war, sondern, weil er die sanfteste Stärke und den stärksten Geist hatte - und, weil in ihm der Regenbogen lebte. Er drehte sich langsam um, und erhob den Blick zur Sonne.

"Komm zu uns - Geistfrau der Sonne." Sein Flüstern jagte wie ein Gedanke pfeilschnell durch die Zeit, getragen von seinem starken Bewußtsein. Weder Zeit noch Raum setzten ihm Grenzen.

Sie schloß sich ihnen an, denn wie die übrigen, hatte auch sie gewartet und gelauscht und war auf seinen Befehl gekommen.

Zusammen erschufen sie den Regenbogen; der Geist der Wolken, die Geistfrau der Luft und die Geistfrau der Sonne und auf ihm zogen sie aus, um die Einzige zu retten, die die neue, äußere Welt, die sie dabei waren zu erschaffen, nie erreicht hatte. Die Geistfrau der Tiere.

Es war nicht die Wahrheit, oder es war nur ein Teil von ihr - wenn man so will. Denn es waren mehr als die drei, Wolkengeist, Luftgeist und Sonnengeist. Und da war noch einer, den sie kennengelernt und doch nie kennengelernt hatten, denn man muß verstehen, was man meint zu kennen. Sie waren dem Geist der Menschen begegnet - und von diesem Augenblick an hatte sich ihre Welt verändert.

Sie, die Geistfrau der Tiere, war wie verzaubert von ihm gewesen. Sie hatte ihm Liebe und Hingabe geschenkt und ihre Faszination von ihm hatte sie daran gehindert, das zu sehen, was die anderen sahen.

Da war es, daß sie den Beschluß fassten, zu versuchen, das zu erschaffen, was sie schon so lange vorhatten, und von dem sie einmal geglaubt hatten, daß es ihnen glücken würde. Sie hatten den Platz, den sie Erde nannten verlassen, um es noch einmal zu versuchen; wie sie es immer versuchen würden, solange die Kraft des keimenden Samens da war. Aber nun hatten sie schon so lange auf sie gewartet, ohne daß sie sich ihnen genähert hatte. Instinktiv wußten sie, daß es etwas mit ihm zu tun hatte, und daß sie zurück mußten, um sie zu befreien, bevor es zu spät war. Sie lebte: sie fühlten ihren Lebensfunken wie ein fernes, gedämpftes Glühen in ihrem Innern - und sie wußten, daß sie am Sterben war.

Aber noch lebte sie...

Sie schämten sich, sie verlassen zu haben, ohne sich zu vergewissern, daß sie die Möglichkeit haben würde, ihnen zu folgen. Selbst die Geister der lebenden Welt konnten sich schämen.

Gerade bevor sie in die Fluten der Farben des Regenbogens einflossen, stand der Alte auf und sprach noch einmal zu ihnen. Für alle war es ein bekanntes Ritual, obwohl sie nie vorher so etwas erlebt hatten.

"Wenn wir in diesem Licht verschmelzen, das durch die Lebenskraft aus dem Schoß unserer Schwester, der Geistfrau der Sonne, brennt - werden wir die Regenbogenkrieger sein."

Er zeigte auf einen nach dem anderen und sagte die Namen, die sie als Regenbogenkrieger tragen sollten. Was er sagte war dies:

"Geist des Feuers - dein Name sei LUE."

"Geist der Berge - dein name sei GROSS."

"Geist der Flüsse - dein Name sei FOSS."

"Geist des Meeres - dein Name sei OZEAN."

"Geist der Luft - dein Name sei WIND."

"Geist des Dschungels - dein Name sei GRO."

"Geist der Wüste - dein Name sei HARA."

"Geist der Erde - dein Name sei ERD."

"Geist der Tiere..."

Sie betrachteten ihn angespannt. Sie hatten Tränen in den Augen, die eben wie die Augen von Geistern waren.

"Geist der Tiere - ihr Name soll DEER sein."

"Geist der Sonne - dein Name sei LIV."

"Geist des Mondes - dein Name sei DARK."

"Geist der Wolken - dein Name sei NEBEL."

Wieder entstand eine kurze, drückende Pause. Der Alte stand kurz still und dachte nach, bevor er fortfuhr:

"Geist der Menschen ..."

"Geist der Menschen," flüsterten sie.

"Sein Name sei TUMOR!"

"Seid auf der Hut vor ihm..."

"Seid auf der Hut vor ihm," wiederholten sie.

"Denn er hat uns alle verraten!"

"Denn er hat uns alle verraten!" flüsterten sie.

Sie glitten in den Regenbogen, die Geistergestalten - verschmolzen in ihm und traten die lange Reise in eine ferne Welt an. Sie reisten im Schein des Lichts durch Zeiten und Welten. Sie gönnten sich keine Rast, weil keine Zeit dafür war.

Sie vernahmen, daß sie am Sterben war und als sie lauschten, hörten sie ihren Schrei.

Deers Schrei.

2. Kapitel

Dort, wo der Regenbogen entspringt, dort ist der Übergang zur Welt der Geister. Und durch diesen Übergang zogen sie - die Regenbogenkrieger.

Er erreichte diese Welt genau an einer Stelle, wo die erste, gluckernde Quelle aus einem schmalen Spalt hoch auf einem Bergmassiv entsprang. Er stemmte seinen Rücken gegen seinen Bruder Gross, ritt auf ihm einen immer wilderen Ritt, während er immer stärker anschwoll. Der sickernde, rieselnde Körper der Quelle wurde zu einem reißenden Fluß, in dessen mahlendem Strom seine Gedanken, sein Willen und seine Seele vor Glück perlten; in einer strahlenden Quelle von Farben im blasenwerfenden Wasser.

"Ich bin stark!" dachte Foss. "Ich habe dieser Welt viel zu geben."

Gross trug ihn auf seinen Schultern, die breit, schwer und hart waren, wie die Knochen der Erde waren sie. Im nächsten Augenblick wirbelte er hinaus in die klare Luft und setzte seinen Sturz zu Tal fort, in eine Kaskade von Schaum gehüllt.

"Ich bin frei!" rief Foss. "Ich bin ein Wasserfall, eine Sintflut von Kraft - nichts kann mich zähmen!"

Für einen Augenblick vergaß er, warum er zurückgekommen war, wollte bloß er selbst sein, ohne an seine Umgebung zu denken. Dann tauchte er unter in den mahlenden Strom am Grund des Tales und setzte seinen sich windenden Lauf zwischen den Bergen in einem gesetzteren Tempo fort.

"Ah," seufzte Foss. "Es ist so lange her."

Er neckte einen Hirsch, der sich von einem schlammigen Abhang in den Strom geworfen hatte, in Foss hinein. Er riß ihn mit sich fort und hielt ihn fest, bis er Angst in den Augen des Hirsches bemerkte und ihn losließ. Der Hirsch war stark und gesund und schwamm ans Ufer zurück, während sein Geweih einen gekrümmten Schatten auf das Wasser warf. Die, die ihn aufgeschreckt hatten, drängten nun vorwärts ans gegenüberliegende Ufer.

Foss sah Schatten zwischen den hängenden Zweigen der Weiden. Es waren Menschen. Einer von ihnen zeigte über das Wasser, auf den Hirsch, der sich ins niedrigere Wasser kämpfte. Sie hoben die schwarzen Stöcke, die sie bei sich hatten und ließen Feuer und stinkenden Rauch über den Fluß sprühen.

"Menschen!" dachte Foss. Er war schön gewesen, sein Traum, aber nun war er vorbei. Er erhob sich aus seinem Flußbett, strömte mit großer Kraft am Ufer lang und riß den Hirsch mit sich davon. Er zog ihn mit sich und führte ihn weg, weil er wünschte, daß der Hirsch leben sollte. Der kämpfte mit allen Kräften dagegen an, weil er glaubte, er müßte ertrinken.

Weiter unten am Flußlauf spülte Foss ihn an die lehmige Böschung, wo er etwas liegenblieb und sich erholte. Foss betrachtete ihn vom Strom aus und Freude, ihn gerettet zu haben, breitete sich in ihm aus. Es war ein wundervoller Gedanke, daß er den Hirsch am Leben halten konnte. Während er dies dachte, erinnerte er sich an Deer.

Der Hirsch kam wieder auf die Beine und sprang mit großen Sätzen auf die Böschung. Hier blieb er stehen und betrachtete mit einem unergründlichen Blick den Fluß. Er konnte es unmöglich wissen, dachte Foss. Aber trotzdem sah es aus, als wüßte der Hirsch, daß er ihn gerettet hatte. Dann hob er den Kopf mit dem großen Geweih und witterte in der Luft.

Im selben Augenblick zerriß ein schneidender Knall die Stille und der Gestank aus den schwarzen Stöcken trieb über das Wasser. Der Hirsch erstarrte eine Sekunde und ohne das mindeste Geräusch glitt er die Böschung hinunter, ein Blutstrahl kam aus seinem Hals.

Foss beobachtete dies wie gelähmt, während er dahinglitt und sich am Ufer zur Rast legte. Gerade als der Lebenshauch den Körper des Hirsches verließ, hörte er wieder Deers Schrei.

"Aber er sollte leben..." dachte Foss verwirrt, während er sich mit dem Strom treiben ließ, hinunter durch das Tal. Er fühlte den ersten Keim eines unbekannten, neuen Gefühls in seiner Seele wachsen.

Er pflügte weiter durch sein stetig tieferes und breiteres Flußbett. Bald vergaß er die Sache mit dem Hirsch, obwohl sie sich für immer in seine Erinnerung einprägte.

Flüße liefen in ihn hinein. Und mit jedem Fluß wuchsen seine Kräfte. Er war jetzt schwerfälliger - schwerfälliger und nicht mehr ganz so eifrig schäumend. Die Trägheit in seinem Körper war so schwer, wie die Sintflut selbst und er fühlte es und freute sich über seine eigene enorme Stärke. Er wußte, daß er zu irgendeinem Zeitpunkt seinen großen Bruder Ozean treffen würde, und er dachte voller Freude an den Weg dorthin.

Eines Abends näherte er sich der ersten Stadt. Er beschloß, in seine Geistergestalt zurückzukehren und suchte eine Stelle am Ufer, wo er an Land kommen konnte. Er suchte sich einen Platz aus, an dem ein vom Wind zerzauster Baum sich schwer über das Wasser lehnte. Die Wurzeln dieses Baumes waren teilweise bloßgelegt, weil der Fluß einen großen Teil des Ufers weggeschwemmt hatte.

"Ich brauche Platz," dachte Foss entschuldigend, während er den Baum betrachtete.

Kurz über der Erde teilte sich der Stamm.

Der eine ragte über dem Ufer in den Himmel und trug die größere Krone. Der andere Stamm krümmte sich in einer Kurve über den Fluß, weil er dort nach oben hin Licht suchte, und er hatte eine kleinere Krone. Es war, als ob dieser Baum selbst die Fähigkeit hatte, sich am Leben zu halten, denn das Gewicht des einen Stammes hinderte den anderen daran, in den Fluß zu stürzen. Foss studierte nachdenklich den Versuch des Baumes, eine Balance zu finden, bis er auf den krummen Stamm kletterte und sich mit über dem Wasser hängenden Beinen zurechtsetzte.

Der Mond ging am diesigen Himmel über den Häusern auf, etwas weiter den Fluß hinunter. Er warf einen bläulich, kalten Schein über die gegenüberliegende Uferseite des Wasserspiegels.

Er konnte sie schwach riechen, die Stadt der Menschen. Er öffnete den Mund und bemerkte ein leicht säuerliches Brennen auf der Zunge.

Er betrachtete sein Werk, den Fluß. Er strömte wie ein glitzernder Silberstreifen im Schein des Mondes. Wenn der Tag graute wollte er die letzte, kraftvolle Strecke bis zum Meer genießen. Dort würde er seinen Bruder Ozean treffen.

Er schloß die Geisteraugen und ließ seine Gedanken im Dunklen suchen. Er suchte nach einem Lebenszeichen von Deer. Zuerst fühlte er nichts anderes, als das Bewußtsein seiner eigenen Existenz. Aber als er zur Ruhe kam, steigerte sich seine Konzentrationsfähigkeit.

Von einer Stelle weiter unten am Flußlauf näherte sich ihm ihr Schrei, wie eine beinahe unmerkliche Berührung. Foss erstarrte und horchte mit all seinen Sinnen. Er hatte sich auf dem krummen Stamm erhoben.

"Deer!" Sein Ruf konnte nur von den Wesen seiner eigenen Welt vernommen werden. Darauf sprang er von dem Ast ins Wasser. Er ließ sich von dem dunklen Element verschlucken, verließ seine Geistergestalt und wurde eins mit dem Fluß, seinem physischen Körper. Er bewegte sich mit dem Strom, wurde ungeduldig und hastete viele Male schneller als der Strom weiter, gegen den, der der Welt dieses Elend gebracht hatte.

Eine tiefe, polternde Stimme sprach von einer Stelle weiter weg im dunklen Wasser zu ihm. Ein Teil der Stimme sprach in einer Sprache zu ihm, die er nicht verstand. Einen anderen Teil der

Stimme erkannte er plötzlich überrascht wieder - denn es war Tumors Stimme. Daraufhin näherte er sich ihm.

Seine Neugierde hätte sich in Vorsicht wandeln sollen.

Aber es geschah so schnell, daß er sich, bevor er darüber nachdenken konnte, schon mittendrin befand.

Sein ganzer gewaltiger Fluß, der sein Werk allein und hauptsächlich sein Stolz war und den er während tausend Generationen mit Mühe erschaffen hatte, der so gewaltige Kräfte freisetzte, daß er ganze Abhänge niederreißen und gewaltige, jahrhundertealte Bäume, die im Weg waren, wegwaschen konnte - wurde nun so brutal und plötzlich gestoppt, daß Foss erstarrte. Er wurde tiefer. Er breitete sich in Schluchten und Landschaften aus, die er selbst nicht gewollt hätte, zu bedecken.

Die Fische, die ihm mit dem Strom gefolgt waren, kamen nicht auf anderen Wegen fort, als dem, der ihnen zugedacht war.

Zum zweiten Mal wallte ein heftiges Gefühl in ihm auf. Eine drohende Wut bemächtigte sich seiner Sinne und er warf seinen Körper gegen eine Mauer, die seinen Weg versperrte. Die Wellen erhoben sich meterhoch, während er versuchte, sie zu durchbrechen. Aber er verlor seine Kräfte zu schnell, eben weil er so tief und breit wie ein Binnenmeer geworden war. Als er wie rasend auf die Mauer starrte, um herauszufinden und zu verstehen, woher sie kam und warum sie da war, sah er auf der glitzernden Betonfläche den Abdruck von Tumors Hand.

Tumors Stimme drang aus dem Wasser zu ihm. Er sprach zu ihm mit dem monotonen Lärm von Turbinen - nicht verhöhnend oder herablassend, aber gebieterisch und bestimmt, ohne jedes Gefühl für seinen Bruder, den Geist der Flüße.

"Nichts kann mich zähmen," brodelte Foss aus einem Wasserwirbel. Aber er hatte schon begonnen, daran zu zweifeln. Da ertönte ein schmetterndes Dröhnen, als würden schwere Pforten geöffnet.

Der Lärm zog über den Wasserspiegel, bevor er ihn ergriff, und mit sich riß - tief hinunter unter die Wasseroberfläche und über den Grund hinweg.

Er scharrte über Baumstümpfe hinweg, die Menschen überall an den überschwemmten Böschungen hinterlassen hatten. Der Lärm der Turbinen steigerte sich zu einem schrillen Kreischen, das sich in seine Seele hämmerte und seine Fähigkeit zu handeln lähmte. Er vermochte nicht mehr seinen eigenen Lauf zu steuern, und hatte keine Kontrolle mehr über seine eigenen, bezwungenen Kräfte. Er wurde durch drei große Rohrleitungen geleitet. Mit sich führte er die Fische aus dem Fluß, und von diesen hörte er wieder Deers Schrei.

An einer Stelle in seinem Innern fühlte er immer noch die großen Kräfte des Flußes. Er fühlte sie und erkannte gleichzeitig, daß sie ihm nicht länger helfen konnten. Dann wurde er brutal in die Turbinen gezogen. Sie schrien ihn mit Tumors entnervender, schriller Stimme an - nahmen ihm die Kraft und mahlten seine Stärke aus jedem einzelnen Tropfen, aus allem, was er war. Als für die jammernden Maschinen kein Wille oder keine Energie von Wert mehr vorhanden war, spuckten sie ihn durch die Öffnungen der Rohrleitungen aus - hoch über dem Tal, auf der anderen Seite des Dammes.

Er wirbelte wie eine Wolke aus Schaum hinaus in die kalte, klare Nachtluft, wo seine Schwester, die Geistfrau des Mondes, ihm verzweifelt hinab ins Tal folgte.

Nachdem Foss von Steinen in der Strömung getroffen worden war, sank er hinunter, um in seinem ursprünglichen Lauf auszuruhen, und floß entkräftet weiter zu der Stelle, wo er wußte, daß Ozean auf ihn wartete. Er war wieder ein kleiner Fluß geworden.

Wo er vorher sein Flußbett ausgefüllt hatte und die höchsten Kanten der Ufer ausgewaschen hatte, bedeckte er hier nur knapp die großen Steine, die am Grund des Flußes lagen. Er horchte, aber hörte Deers Schrei nicht mehr. Und das berauschende Gefühl einfach da zu sein, fand seine Seele nicht mehr.

Auf dieser Strecke des Flußes war Deer tot. Die Fische trieben auf der Wasseroberfläche an ihm vorbei, die meisten mit dem Bauch nach oben. Das Schlimmste für sie alle war, daß sie in Stücke gerissen waren, getroffen von den Stahlblättern der Turbinen. Er konnte es schmecken, ihr Blut und ihre Galle. Sie trieben als Aas ans Ufer, wo sie sich zwischen Steinen verkeilten, während ein fauliger Gestank sich über dem Wasser ausbreitete. Ihm wurde übel. Es kostete ihn große Anstrengung, sich nur in seine Geistergestalt zu verwandeln und den entkräfteten Fluß zu verlassen.

Später, als er sich ans Ufer gesetzt hatte, um auszuruhen, kam ein Geist durch das Gras auf ihn zugegangen. Er wußte instinktiv, daß es Tumor war, weil nur Tumor diese Aura von Unvorhersehbarem um sich hatte. Weiterhin strahlte Tumor eine in Foss Augen eigentümliche Kraft aus, die eine reiche Variation von Ausdrücken annehmen konnte. Er hatte jetzt, so wie er es immer hatte, seit der Zeit, als der Geist der Menschen sich plötzlich in ihren Kreis eingereiht hatte, ein starkes Gefühl der Machtlosigkeit gegenüber allem, was Tumor betraf, und was er nicht verstand, und er fühlte, sich nicht wehren zu können. Er blieb ganz still sitzen, während Tumor sich näherte.

"Sei gegrüßt, mein Bruder Foss," sagte Tumor beiläufig. Ohne besondere Einladung setzte er sich auf einen Stein neben Foss und seufzte tief. Er ließ den einen Fuß über dem Wasser hin - und herschaukeln, saß da und starrte nachdenklich auf ein Spiegelbild, das er nicht fand. Foss betrachtete ihn aus den Augenwinkeln.

"Du siehst müde aus," bemerkte Tumor, ohne ihn anzusehen. Aber seine Stimme klang besorgt.

"Mein Fluß ist müde," antwortete Foss mit einem Flüstern. Tumor sah auf den Fluß hinaus. Sein Blick blieb am Damm in der Ferne hängen, gleichzeitig breitete sich ein Lächeln über sein Gesicht. Es war etwas Hochmütiges in seiner ganzen Haltung, etwas, das Foss bemerkte, aber nicht verstand.

Tumor drehte ihm sein Gesicht mit einem plötzlichen Ruck zu, und starrte ihn mißtrauisch an.

"Wo bist du gewesen?" fragte er. "Ich habe dich lange Zeit nicht gesehen." Er sah ihn durchdringend an.

"Hier und da," antwortete Foss ausweichend. Er versuchte, Tumors festen Blick zu erwidern, aber im Innersten fühlte er sich schwach beim Zusammentreffen mit Tumor.

"Und wo sind die anderen?" blieb Tumor bei mit zusammengekniffenen Augen.

"Hier und da," antwortete Foss wieder.

"Hmm," murmelte Tumor. Einen Augenblick sagte er gar nichts, saß da und sah aus, als ob er über dieses oder jenes nachdachte. Dann wandte er sich wieder an Foss.

"Ihr verheimlicht etwas vor mir." Er reckte das Kinn vor. "Aber ich werde noch herausfinden, was es ist." Er erhob sich und streckte seine Geisterglieder.

Da es nun den Anschein hatte, als wolle er gehen, sah Foss zu ihm auf und sagte: "Was ist das für eine Mauer?"

Er hatte die Hand gehoben und zeigte auf den Damm in der Ferne. "Und wo ist Deer?" Er hatte ein leichtes Zittern in der Stimme. Tumor bemerkte das auch, und beobachtete ihn kurz. Darauf verzog er die Lippen zu einem verschwiegenen Grinsen. Ohne zu antworten, drehte er sich um und wanderte weg, hinein in den Wald.

Foss blieb zurück und folgte ihm mit den Augen. Sein ganzer Körper zitterte ungehemmt und in seinen Geisteraugen, die die blubbernde, sprudelnde, aber auch blinde Hingabe für das Leben um ihn herum auszudrücken pflegten, brannte ein glühender, wahnsinniger Zorn auf den, den er im Gehölz verschwinden sah.

Irgendwann im Laufe der Nacht war seine Schwester, die Geistfrau des Mondes, zu ihm gekommen. Sie hatten sich gegenüber auf Steinen gesessen, ohne daß einer von ihnen etwas gesagt hatte. Dark hatte völlig still dagesessen und auf den Fluß geschaut, der im Mondlicht dahinfloß. Foss, der ihr Gesicht beobachtet hatte, war sicher, daß ein Hauch von Schmerz in ihrem Blick war. Später hatte sie sich erhoben und war in den schwarzen Nachthimmel zu den Sternen fortgezogen.

Er liebte Dark. Dark und Liv waren die Geister der Sterne. Sie hatten derartig schwer durchschaubare Kräfte, daß selbst die übrigen Geister ihr Schaffen nicht erklären konnten. Sie sprachen nie darüber. Sie waren in der Lage, viele Dinge vorauszusagen, und ihre Weissagungen schlugen niemals fehl. Foss wußte, daß auch Tumor versuchte, etwas über diese Kräfte herauszufinden; er wußte von Nebel, daß die Menschen nach einem Weg zu dieser Weissagungskraft suchten, die versteckt lag im gegenseitigen Spiel der Kräfte der Sterne im kosmischen Raum.

Foss überlegte, was er von Darks sorgenvollem Blick halten sollte, bis der Tag graute und die Sonne über der Welt aufging.

Als die Morgensonne sich über den Horizont hob, saß er immer noch in derselben Stellung da. Sein Blick richtete sich stetig auf die Stelle im Gehölz, wo Tumors Geistergestalt verschwunden war.

Später, als er noch einmal seine Geistergestalt verlassen hatte, und mit dem kraftlosen Strom durch die Stadt floß, fühlte er, daß alles sich verändert hatte. Er war krank. Er zog durch alles, was die Menschen in ihn hineinpumpten, anders konnte er nicht.

Rauch von Industrieschornsteinen trieb schwarz hinunter auf den Fluß - aber es war das, was aus den Rohren unter der Erdoberfläche hinausfloß, das drohte, ihn zu ersticken.

Er horchte danach, wie er nach Tumors Stimme gelauscht hatte. Er war nicht länger imstande, solch ein Leben zu führen, aber er war gezwungen es zu führen. Das in ihm, das lebendig gewesen war, das in ihm, das Deers Seele hatte - war in ein faulig stinkendes Gift verwandelt worden, das ihn schwächte. Ein Gift, das er mit sich führte, und das er gezwungen sein würde, seinem großen Bruder Ozean weiterzugeben.

Auch seine lebensfrohe Schwester Gro, die auf dem Boden dieses Deltas gelebt hatte, war vernichtet. Blasen von erstickenden Gasen aus dem leblosen Schlamm, flossen langsam auf ihn zu.

Da hörte er das Brüllen seines Bruders Ozean, der in der Ferne gegen den Kontinent hämmerte. Er wurde von einer kraftlosen Freude durchrieselt, gepaart mit Bitterkeit, weil er sich in dieser Verfassung zeigen mußte. Kurz darauf floß er tötlich vergiftet in Ozeans Arme. Sein starker Bruder nahm ihn auf und gab ihm Kraft. Auch der Geist der Luft erwartete ihn. Er hob ihn zur Sonne empor, wo er ihn in seine Geistergestalt kleidete, damit er leben konnte.

3. Kapitel

Sie wanderte durch den Dschungel. Sie blieb stehen, um den Duft der Millionen von Planzen einzuatmen, die alle der Grund für ihre Lebensfreude waren. Es war feucht, wunderbar feucht. Und es bebte vor Leben. Einen Augenblick glaubte sie, daß sie Deer hier finden müßte. Eine kurze Sekunde konnte sie deren summende Stimme hören. Sie rief.

"Deer..."

Gro war auf einer kleinen Lichtung zwischen Bäumen stehengeblieben. Schatten fiel auf sie, wie auf einen von tausenden. Sie drehte sich langsam, während sie intensiv lauschte. Von einer Stelle nicht weit weg, kam das Rauschen eines Wasserfalls zu ihr herüber, durch das dichte Gehölz. Sie drehte sich wieder und das Rauschen verschwand. Nachdem sie eine Weile so dagestanden hatte, sah sie ein, daß sie sich geirrt hatte. Sie wollte gerade die Lichtung verlassen, als ein neues Geräusch an ihr Ohr drang.

"Gro..." Eine Stimme rief ihren Namen. Zuerst erkannte sie sie nicht, denn sie hörte sich fremd und verzerrt an.

"Gro..." Die Stimme sprach wieder zu ihr, flüsternd. Diesmal unmittelbar in ihrer Nähe. Sie wandte sich in die Richtung, aus der sie kam. Tumor beobachtete sie im Schatten eines großen Baumes. Er stützte sich mit einer Hand auf eine herunterhängende Liane, während er sie mit leicht geneigtem Kopf betrachtete. Dann trat er auf die Lichtung und überquerte sie, auf Gro zu. Als er ein paar Meter von ihr entfernt war, blieb er stehen und warf ihr einen abschätzenden Blick zu.

Etwas an seiner Erscheinung gab ihr die erste Warnung. Sie vermochte es nicht zu verbergen. Er lächelte ein wenig, als er dies entdeckte, und nickte vor sich hin. "Es ist deine Art, mich abzulehnen, der so teuflisch anziehend ist," flüsterte er heiser. Er schüttelte den Kopf mit einem ungläubig, verzerrten Gesicht. Sie verstand nicht ganz, was er damit sagen wollte, oder wollte es auch nicht verstehen.

Tumor trat einen Schritt vor und streckte ihr die Hände entgegen. Sie fühlte ein furchtsames Prickeln in ihrer Brust. Instinktiv wehrte sie sich mit beiden Händen. Er lachte leise. Er war jetzt ganz anders, im Vergleich dazu, als sie ihn kennengelernt hatte, als er das erste Mal zu ihnen in das Reich der Geister gekommen war. Sie hatte sich in der Nähe des Geistes der Menschen nie sicher gefühlt. Aber sie hatte es vor den anderen nie erwähnt, außer vor Deer.

Er hatte jetzt ein teuflisches Glühen in den Geisteraugen. Das hatte sie schon einmal gesehen. Einmal, als er Deer genauso angesehen hatte. Dann sprang er vor, griff sie hart um das eine Handgelenk und zog sie an sich.

Sie versuchte sich zu befreien, aber ohne Glück. Die ganze Zeit sah er sie besitzergreifend an und es schien, als würde er sich über ihre Bedrängnis amüsieren.

Sie war vor Schreck wie gelähmt. Unter seiner Berührung fühlte sie sich eiskalt im Innern. Aber die kraftvolle Lebens-energie, die ihre Seele erfüllte, begann aufzuwachen.

"Laß los," bat sie kalt. Trotz der Kälte in ihrer Stimme, kämpfte sie darum, Ordnung in ihre Gedanken zu bringen. Aber, als sie keinen Ausweg sah, begann ihre Entschlossenheit zu schwinden. Er lehnte sich schwer über sie und atmete in hastigen Stößen. "Ich bin wie ein Mensch," flüsterte er. "Ich nehme mir, was ich will!"

Sie drehte ihr Gesicht weg, als er versuchte sie zu küssen. Sie kratzte ihn im Gesicht, es schien, als nähme er keine Notiz davon.

"Du kannst mich nicht lieben," rief sie. "Wir können einander nicht lieben." Sie kratzte und zerrte, um sich zu befreien, aber er hielt sie fest.

"Das, was es auf dieser Welt gibt, gibt es um der Menschen Willen," gab er verbissen zur Antwort. "Es ist da für den, der die Stärke hat, es sich zu nehmen."

Er starrte ihr direkt in die Augen. "Und diese Stärke habe ich."

Sie flehte ihn an, sie freizulassen. "Wir können uns nicht lieben," sagte sie zuletzt.

"Wer spricht von lieben?" flüsterte Tumor.

Sie, die so stark war, so voller Kraft und Leben, versuchte all ihre geballten Kräfte gegen ihn zu wenden. Aber sie vermochte es nicht. In ihrem Innern hatte die Angst die Oberhand gewonnen. Ihr Versuch rührte ihn nicht. Nur ihr Tod würde möglicherweise sein Inneres anrühren, dachte sie, starr vor Schrecken.

Sie kämpfte, so gut sie konnte, dann warf er sie zu Boden. Sie drangen durch das dichte Gesträuch, durch das sich windende Wirr-Warr der Lianen und über den von Millionen von Blättern bedeckten Boden. Über der Welt breiteten sich ihre Macht losigkeit und ihr Schrecken aus. Aber es waren wenige, die fähig waren ihn zu hören.

Gros Schrei.

4. Kapitel

Rauch stieg in den Himmel, wie eine schwarze, schleierartige Fahne in die klare Luft - über den Schornsteinen der Stadt der Menschen tief unter ihm im Tal.

Im Tal standen die Häuser, als würden sie sich gegenseitig stützen, bis halb die Bergabhänge hinauf, den ganzen Horizont entlang. Von da aus, wo er saß, studierte er die schweren, giftigen Abgaswolken, die ihren Schatten über die Berggipfel im Nord-Osten warfen.

Er saß auf einem mit Gras bewachsenen Abhang, mit Aussicht über das ganze Tal. Es hatte etwas schwermütiges, wie er die Szenerie unter sich betrachtete. Es gab nicht viel, was er tun konnte.

"Ihr quält meinen Bruder Wind," dachte der Geist der Erde. Er ließ seine Gedanken in vergangene Zeiten wandern. Er war so alt, wie die Welt, die er betrachtete und seine Erinnerung reichte genausoweit zurück.

An dieser Stelle hatte er schon einmal gesessen. Zu der Zeit, als die Menschen sich das erste Mal gezeigt hatten. Aber das, was er in seiner Erinnerung sah, und das, was er jetzt mit seinen Geisteraugen sah, hatten in keiner Hinsicht etwas gemeinsam. Erd ließ den Blick über die Abhänge des Tales und die Wiesen mit dem verdorrten Korn schweifen.

Tumor kam mit langen, energischen Schritten auf ihn zu. Er warf keinen Schatten, denn Geister haben keinen Schatten. Als er ihn erreicht hatte, ließ er sich neben Erd ins Gras sinken. Erd bemerkte, daß er leise seufzte, als er sich setzte.

"Was kann dich bedrücken, Bruder Tumor?" fragte Erd, ohne ihn anzusehen.

Tumor seufzte aufgebend. Kurz darauf antwortete er: "Die Erde ist nicht fruchtbar. Ich dachte, daß du da vielleicht etwas tun könntest?"

"Ich weiß, daß sie nicht fruchtbar ist," brummte Erd. "Ich bin die Erde!"

Tumor nickte. "Ich habe das Gefühl, daß du mich im Stich läßt," sagte er dann auf seine übliche, abschätzige Art.

"Im Stich lassen?" Erd reagierte immer etwas spät.

"Die Menschen düngen die Erde, um die Balance der Natur zu erhalten." Tumor gestikulierte erklärend. "Aber es nützt nichts, also ist es nicht die Schuld der Menschen."

Erd drehte sich zu ihm um. "Die Menschen bearbeiten die Erde, aber sie verdrängen meine Schwester, die Geistfrau des Urwalds - und meine Schwester, die Geistfrau der Tiere. Und sie düngen und machen meinen Bruder, den Geist der Flüsse, krank."

Zuerst saß Tumor wie versteinert da. Dann lehnte er den Kopf zurück und lachte laut und schrill. "Vorwürfe!" rief er. "Immer dieselben Vorwürfe. Ich habe nichts anderes gehört, solange ich mich erinnern kann."

"Das ist doch nicht lange," antwortete Erd. "Erinnern dich daran, daß dein Gedächtnis, verglichen mit meinem, nur von kurzer Zeit ist."

"Also..." schnaubte Tumor.

Sie saßen zusammen auf dem grasbedeckten Abhang. Lange Zeit sprach keiner von ihnen.

"Ich habe darüber nachgedacht," begann Tumor. "Ich habe mir gedacht, daß es einen Grund für all diese Beschuldigungen geben muß, daß es die Menschen sind, die die Welt vernichten."

Erd zeigte zum ersten Mal Interesse.

"Es wird immer so sein, sowohl in der äußeren, als auch in unserer Welt, daß der Stärkere der Gegenstand des Neides der Schwachen ist. Hast du jemals darüber nachgedacht?"

Er drehte sich halb um und sah Erd mit zusammengekniffenen Augen an.

Erd hatte das Gefühl, als ob Tumor versuchte, ihn zu überlisten, aber er verstand nicht warum. "Was ist neidisch?" fragte er nachdenklich.

Tumor erstarrte und betrachtete ihn verwundert. "Weißt du nicht, was das bedeutet?"

"Nein," antwortete Erd offen und ehrlich.

Tumor sah ihn ein wenig an, während er den Kopf schüttelte. "Das ist auch egal," stellte er dann fest. "Aber, daß die Erde nicht fruchtbar ist - das ist das wesentliche."

Erd schaute über das Tal, zu den im Dunst verwischten Konturen der Berge. "Ich kann die Erde fruchtbar machen," flüsterte er dann.

"Wie?" fragte Tumor und lächelte listig.

"Ich kann es - das ist das wesentliche," stellte Erd fest.

Tumors Lächeln verblaßte. Auch andere als er konnten die Dinge vereinfachen.

"Aber du denkst so anders als ich, Bruder Tumor. Darum habe ich nie angeboten, dir zu helfen. Ich dachte von Anfang an, daß es das Beste ist, wenn jeder für sich tut, was er tun muß. Du bist der einzige, zu dem ich ein solches Verhältnis habe."

Tumor antwortete ihm nicht. Er saß bloß da und sah ihn verwundert an. "Aber du kannst die Erde fruchtbar machen?" fragte er kurz darauf, als ob er Angst davor hatte, daß dieses Angebot in Vergessenheit geraten könnte.

"Bitte mich darum, und ich werde es tun," flüsterte Erd heiser.

"Welche Konsequenzen hat das?" fragte Tumor.

Erd sah Tumor lange und eingehend an, bevor er antwortete. "Wenn mein Bruder Tumor mich um Hilfe bittet, und ich sehen kann, daß die Balance der Dinge nicht wieder durcheinander gebracht wird, wie hier, sodaß Hilfe nötig ist, dann werde ich

Hilfe leisten. Darum bin ich dein Bruder. Das könnte sein, was du mit Konsequenzen meinst."

Tumor überdachte es, aber nicht recht lange. "Dann tu es, wenn du wirklich meinst, daß du es kannst," bat er dann. Er vermied Erd anzusehen, während er sprach.

Erd erhob sich und warf einen Blick über das Tal, als überlegte er, was sein nächster Zug sein würde.

"Du kannst es vielleicht nicht, wenn es drauf ankommt?" bemerkte Tumor in einem spöttischen Tonfall.

Erd ließ ihn auf dem Hügel sitzend zurück und verschwand den Abhang hinunter, in Richtung der Berge in der Ferne. Tumor war nach ihm aufgestanden:

"Wo willst du hin?" Der Ruf hallte weit über den Hügeln mit einem Echo zurück. Erd antwortete nicht, sondern setzte seinen Weg fort, als hätte er nichts gehört.

Tumor legte sich hin und wartete. Als sein Blick über die Stadt eilte, kniff er die Augen zusammen und lächelte. "Ich kann die Erde fruchtbar machen," spottete er und machte Erds Stimme nach. "Ich kann..."

Es begann als ein schwaches Beben, tief unter der Stelle, wo er lag. Es pflanzte sich blitzschnell unter den Abhängen fort. Dann folgte ein gedämpftes Rumoren, das langsam an Stärke zunahm.

Tumor wurde unruhig. Seine Augen strahlten die Unruhe aus, die er fühlte. Er setzte sich auf und sah sich verwirrt um.

"Was geht hier vor?" rief er so laut er konnte. Aber es kam keine Antwort.

Ein tosendes Dröhnen zog seine Aufmerksamkeit auf sich. Es kam von einem Berggipfel vom entferntesten Ende des Tales. Eine Rauchsäule, so schwarz wie die Nacht stieg in sich windenden Spiralen zum Himmel. Dann sprengte eine Kaskade aus Feuer sich den Weg in den Himmel, als der Berg zerbarst und den Weg ins Innere der Erde freigab. Felsbrocken, größer, als die

Häuser im Tal, wirbelten hinauf in die Feuerwolken, als hätten sie kein Gewicht. Es leuchtete phosphoreszierend auf dem Gipfel des Berges, als die erste Welle glühenden Gesteins sich den Felsabhang hinunterfraß.

Tumor betrachtete die Stadt mit weit aufgerissenen Augen. Er hielt die geballten Fäuste vors Gesicht, das eine wahnsinnige Wut verzerrte. "Was macht ihr da?" jammerte er.

"Wir machen die Erde fruchtbar, Bruder Tumor." Gross und Erds Stimmen gingen an einer fernen Stelle ineinander über. Sie war sanft und freundlich und strahlte einen verhaltenen Eifer über das aus, womit sie beschäftigt waren.

Tumor saß da und starrte angespannt dorthin. Er war wie in einem schrecklichen Krampf versteinert, und sein Körper zitterte unbeherrscht, so, wie ein Mensch vor Kälte zittern würde. Aber er war kein Mensch.

Der Himmel wurde von schweren, erstickenden Wolken verdunkelt. Asche und Steine regneten über die Stadt im Tal. Lava floß blubbernd und glühend die Felsen hinunter und verzehrte alles auf ihrem Weg. Sie vernichtete die Stadt der Menschen so schnell und leicht, daß man glauben konnte, sie hätte nie existiert.

Tumor sah dem Schauspiel der massiven Verwüstung von seinem Platz auf dem Abhang zu. Bis weit in die Nacht, saß er wie in Trance da. Es war jetzt still, aber die Stille verstärkte nur das Gefühl der Machtlosigkeit, das sein ganzes Wesen ergriffen hatte. Seine Seele erfasste die Schreie und das Lärmen, als die Einwohner der Stadt versucht hatten, zu entkommen. Das Blitzen und Dröhnen der Explosionen, als die Lava sich durch die Industrieanlagen fraß, hatte ihn geblendet und erschreckt.

Tumor hatte sich hinter seinen Händen versteckt, die er schützend vor sein Gesicht gehalten hatte. Selbst, als er die Augen schloß, sah er vor sich seine Schwester Lue, die ihren vernichtenden Tanz über die Ruinen und die Aschenberge solange getanzt hatte, daß es ihm wie eine Ewigkeit vorkam.

Als die ersten, rot - orangenen Feuerstrahlen der Morgensonne das Himmelsgewölbe im Osten bemalten, war alles vorbei.

Erd kam durch die Aschenwolken gewandert, die niedrig über den verbrannten Hügeln oberhalb der Stelle hingen, wo einmal die Stadt gewesen war. Er war weder schockiert noch betroffen, und er bemerkte nichts anderes an Tumor, als daß er am Abhang saß und wartete. Als er sich ihm näherte, wandte er sich um und seufzte zufrieden, als er sein Werk betrachtete.

"Es wird Generationen dauern, bis hier wieder etwas angebaut werden kann!" Tumors Stimme hatte einen Unterton von unkontrolliertem Wahnsinn.

Erd lächelte und schüttelte mit dem Kopf. "Das ist nicht wahr. Die Erde ist fruchtbar, so fruchtbar, wie sie immer gewesen ist. Nicht lange, und es wird überall sprießen und wachsen auf diesen Wiesen und Abhängen." Dann wandte er mit einem Ruck den Kopf, mit einem Ausdruck der Überraschung im Gesicht.

"Aber Bruder Tumor, du siehst aus, als würde dich etwas Fürchterliches plagen?"

"Was habe ich getan, das dich veranlaßt, so an mir zu handeln?" fauchte Tumor.

Erd stutzte. Dann kniete er nieder und betrachtete Tumors Augen eingehend. "Ich habe die Erde fruchtbar gemacht, mein Bruder. Ich habe das Versprechen eingelöst, das du mich genötigt hast, zu geben."

"Aber..." Tumor fuchtelte mit den geballten Fäusten in der Luft. "Aber..."

Erd erhob sich langsam. Er sah ernst auf Tumor, als verstünde er dessen Reaktion nicht, und als könne er nicht begreifen, wie sie zustande kam.

"Ich..." stammelte Tumor. "Ich hasse..."

"Was haßt du, Bruder? flüsterte Erd.

"Ich bin nicht dein Bruder," rief Tumor mit zitternder Stimme. "Ich wünsche deine Bruderschaft nicht!"

Erd trat einen Schritt zurück und wandte den Blick zum Tal. So stand er dann lange, während er nach Tumor lauschte, der etwas weiter weg dasaß und weinte.

"Wir beide," sagte Erd vorsichtig. "Wir verstehen einander nicht, mein Bruder. Großes Unglück kann seine Ursache darin haben, daß man einander nicht versteht." Er dachte etwas nach.

"Hast du Respekt vor dem, was du nicht verstehst?" Daraufhin verließ er ihn. Tumor saß und folgte ihm mit den Augen.

Als Erd ein Stück weg war, drehte er sich plötzlich um und rief zurück: "Wo ist Deer, Bruder Tumor?"

Tumor wollte gerade antworten, aber er riß sich zusammen.

"Gib mir Nachricht, wenn du sie getroffen hast," rief Erd. Dann drehte er sich um und verschwand über die Lavawüste.

5. Kapitel

Es war so trocken, daß nichts dort wachsen konnte. Und doch. Das, was zäh ist und viel ertragen kann, kann überall wachsen und leben. Aber das Leben und seine Bedingungen hatten an dieser Stelle eine radikale Veränderung durchgemacht. Baumstümpfe standen wie vertrocknete, versteinerte Monumente über den zerfurchten, erodierten Abhängen. Überreste einer entschwundenen Zeit.

Erdboden war alles, was Ströme und Fluten von Regenschauern, die die Muttererde weggewaschen hatten, zurückgelassen hatten. Der Erdboden war hart wie Felsen, verbrannt von der Sonne, fast wie Stein. Und er war durchfurcht und rissig durch die gewaltige Trockenheit.

Zehntausende Hektar waren innerhalb ganz kurzer Zeit so verdorrt. In Monaten - menschlicher Zeitrechnung.

Hara, der Geist der Wüsten, saß auf einem Baumstumpf und ließ den Blick am Horizont entlangschweifen. Seine Geisteraugen waren wie immer leicht zusammengekniffen. Er schaute über die verbrannte Weite, ohne richtig zu verstehen, was er da sah. Nicht mehr lange, und es würde Wüste sein.

Das Klima hatte sich verändert. Es gab keinen Regen mehr in diesem Gebiet, weil kein Wasseraustausch mehr stattfand, nicht einmal durch verdunstet. Es gab hier nur sporadische Versuche der Entfaltung von Leben, die die Sonne verbrannte - ohne Gnade.

Hara fühlte eine merkwürdige Unruhe in seinem Innern. Wieder ließ er seine Geisteraugen das veränderte Land nach Leben absuchen, oder zumindest nach einer Erklärung. Aber entweder war da nichts, oder er war nicht fähig, etwas zu erblicken.

Freude über das, was passiert war, stritt in seinem Innern, mit dem, was er wußte, daß die anderen dazu sagen würden. Sie würden es ihm vorwerfen. Und sein Problem würde sein, daß er ihnen niemals etwas würde erklären können, was er selbst nicht verstand.

Gro war aus diesem Land verdrängt. Beide, Gro und Deer, waren hier verschwunden. Er wünschte, daß er dafür eine Erklärung hätte.

Plötzlich stand sie vor ihm. Liv betrachtete ihn mit ihren brennenden Augen.

"Du hast sie verdrängt," sagte sie ruhig.

Hara sah auf. "Ich?" Er schlug die Arme auseinander und erwiderte ihren feurigen Blick mit seinem eigenen Leeren. "Was sollte ich damit zu tun haben?"

Liv drehte sich um, und sah hinaus über die neuentstandene Wüste. "Es war das Leben selbst," setzte sie fort. "Hier an dieser Stelle entsprang das Leben." Sie wandte sich wieder an ihn. "Nun sind hier Unfruchtbarkeit und Stille - wie in deinem Sinne!"

Hara hatte immer seine Verwandtschaft mit der Geistfrau der Sonne für etwas Besonderes gehalten. Er verband sie mit dem Zustand der Wüste und verdrängte das Wissen, daß sie mit ihrer Energie ebenfalls das Keimen alles wachsenden Lebens verursachte. Die Geistfrau der Sonne beinhaltete all die Gegensätze in der Welt der Geister.

"Du verbrennst alles Lebende," bestand Hara in einem vorwurfsvollen Tonfall. "Ich habe das nicht so gewollt. Es ist so gekommen, ohne daß ich das mindeste damit zu tun hatte."

Dazu sagte Liv nichts. Stattdessen stellte sie ihm eine Frage:

"Wo ist Gro? Ich würde gerne hören, was sie dazu zu sagen hätte."

Hara fühlte, daß sie das Thema umging, von dem er gesprochen hatte. Er zeigte über das unfruchtbare Land, während er laut sagte: "Du verbrennst das letzte bisschen Leben zu verwelktem

Reisig. Du verdrängst die Tiere, weil du ihnen nichts zu fressen übrig läßt!"

Die Geistfrau der Sonne drehte sich um, und ihre Augen brannten sich in ihn mit all der glühenden Energie, die gerade in ihr wohnte.

"Ich bin das Leben," flüsterte sie. "In meinen Strahlen befinden sich die Keime für alles Lebende." Sie stutzte, reckte die Zunge heraus und schmeckte die Luft. "Der Geist der Luft ist krank," stellte sie dann fest. "Das könnte der Grund sein, daß ich töte, statt Leben zu erschaffen."

Hara lehnte sich zurück und beobachtete sie mit leicht geneigtem Kopf. "Gib bloß anderen die Schuld, für etwas, für das du nicht selbst schaffst, die Verantwortung zu übernehmen. Ich bemerke, daß ich größer werde - aber das geschieht, ohne daß ich eine Ahnung habe, warum. Ich weiß, daß es schlecht ist, und ich glaube, daß er etwas damit zu tun hat."

"Wer?" fragte Liv überrascht.

Hara lächelte geheimnisvoll und wartete etwas mit der Antwort.

"Wer hat etwas damit zu tun?" fragte Liv wieder.

"Tumor," antwortete Hara lässig. "Der Geist der Menschen."

Sie saßen lange jeder auf seinem toten Baumstumpf und schauten hinaus auf das gewaltige Gebiet, wo der Urwald verschwunden war. Sie konnten sehen, daß Menschen hier gewesen waren, für eine kurze Zeit.

Eine ganz kurze Zeit hatten sie hier leben können, von dem, was die Erde ihnen gab, zwischen dem Zeitalter des Dschungels und dem Zeitalter der Wüste.

6. Kapitel

Es war dunkel.

So dunkel, wie es nur an solch einem Ort in der Welt werden konnte. Es war Nacht in der Wüste.

Auf der am höchsten liegenden, weichen Anhöhe einer gewaltigen Sanddüne saßen die Geister in einem geschlossenen Kreis, mit den Gesichtern zueinander gewandt. Nebel ließ den Blick am Horizont entlang schweifen, während er den Geruch der Wüste einsog. Dann sah er jedem einzelnen in die Augen, und nahm sich Zeit, bevor er anfing zu sprechen.

"Wir sind so ziemlich vollzählig," sagte er.

"Aber nur so ziemlich, wir vermissen immer noch Deer," bemerkte Hara trocken.

"Und Gro..." fügte Gross mit polternder Stimme hinzu. Und Tumor fehlt, dachten sie, aber keiner von ihnen erwähnte es.

Der Alte verfiel ins Nachdenken, und so saßen sie lange, eine kleine Versammlung von schweigenden Geistern, während der Mond über den Himmel wanderte.

Wie lange sie dort saßen, war nicht wichtig für sie, denn die Zeit an sich, bedeutete ihnen nichts, oder hatte es nicht getan - bevor Tumor ein Teil ihrer Welt wurde. Er war nur dagewesen, an einem Tag vor nicht allzu langer Zeit.

Plötzlich war er da, ohne daß ihn bis dahin jemand gekannt hatte. Aber sie hatten es akzeptiert, so wie sie es auch jetzt akzeptieren würden, wenn sich eines Tages ein neuer Geist ihnen zeigen würde. So war es in ihrer Welt. Nicht alle Geister existierten seit dem Morgengrauen der Zeit.

Liv und Erd waren unter den Ältesten. Nebel war noch älter. Deer und Gro gehörten zu den Jüngsten. Und nun waren sie verschwunden.

"Bald beginnt der Tag an diesem Ort." Ozean mochte die Wüste nicht und wollte gerne fort. Er saß, mit einem Arm auf die Schulter seines Bruders Foss gestützt. Foss, der so verschlossen und düster geworden war.

Nebel hob plötzlich eine Hand und ermahnte ihn zum Schweigen. Gleichzeitig starrte er mit großen Augen über die Sandberge, in Richtung einer gebückten Gestalt, die auf sie zugegangen kam.

Sie wandten alle die Köpfe und folgten seinem Blick. Ein wohlbekanntes und doch fremdes Wesen kam auf sie zu, gekleidet in Geistergestalt. Es war etwas anmutiges, an dem, der da kam, etwas, das sie wiedererkannten. Und doch wirkte sie fremd. Zuerst erkannten sie sie nicht. Doch langsam ging ihnen auf, daß es Gro war.

Sie war ein Schatten ihrer selbst. Die kribbelnde und sich stets entladende innere Energie, die so unweigerlich mit ihrer Auffassung von Gro verbunden war, war verschwunden. Ihre Arme hingen schlaff an den Seiten herunter, und sie blickte ihnen nicht entgegen und begrüßte sie nicht. Sie blieb dabei, verloren auf ihre schleppenden Füße zu starren, während sie ging. Sie blieben stumm und abwartend sitzen, die Regenbogenkrieger.

Ohne einen Laut von sich zu geben, nahm sie ihren Platz im Kreis ein und suchte in sich selbst, als wollte sie sich vor ihnen schützen.

Ozean, ihr großer Bruder, lehnte sich in ihre Richtung, streckte seine Hand über Lue hinweg und berührte leicht ihre Schulter.

"Was sind es für Gedanken, die deine Seele verdunkeln?" fragte er vorsichtig.

Sie schüttelte langsam den Kopf, als Antwort, ohne den Blick vom Sand zu wenden, auf dem sie saß.

Erd wollte etwas zu ihr sagen, aber Nebel kam ihm zuvor. "Nun sind wir zusammen," sagte er sanft. "Deswegen beherrschen wir es, die schöpferischen Kräfte heraufzubeschwören - inmitten unserer Gemeinschaft und unserem gegenseitigen Respekt vor einander."

Sie nickten alle, um seine Worte zu würdigen. Nur Gro blieb wie eine Fremde unter ihnen sitzen.

Sie schenkten ihre so große Aufmerksamkeit, daß nichts auf der Welt sie hätte trennen können. Aber sie warteten, und ließen den Alten entscheiden, wann die Zeit da war. Sie hatten so etwas schon einmal erlebt, als Foss von seinem Bruder Ozean gebracht worden war.

"Laßt uns unserer Schwester, der Geistfrau des Dschungels, unseren Respekt erweisen," sagte der Geist der Wolken.

"Laßt uns das," flüsterten sie.

Sie schlossen die Augen und näherten sich ihr mit ihren Gedanken. Sie studierten sie eingehend und machten sie auf ihre Nähe, Anteilnahme und ihren Respekt aufmerksam. Sie waren abhängig von ihr, wie sie von ihnen. Das zeigten sie ihr.

Ganz langsam kam sie zur Ruhe und ließ ihre Trauer weichen. Aber sie schafften es nicht, die Trauer ganz verschwinden zu lassen. Erst da zogen sie sich zurück in ihre Geistergestalten und ließen sie zufrieden.

Sie war so zart, wie das Schwächste und Zerbrechlichste auf der Welt, die Balance zwischen den Geistern.

Später, als sie etwas Abstand von dieser Sitzung hatten, brachte Liv zur Sprache, an was sie alle dachten.

"Es ist viel geschehen, seit wir hierher zurückgekommen sind," begann sie. "So, wie die Welt sich verändert, so verändern auch wir uns."

Sie sahen sie schweigend an, aber es war deutlich, daß sie mit ihr einig waren. Sie hatte sich gesetzt und Gro betrachtet, während sie sprach. Und sie fühlte eine große Sorge, bei dem, was sie sah. Als sie Foss ansah, hatte sie dasselbe Gefühl.

"Ich habe mich nicht verändert," stellte Hara fest. "Ich werde immer derselbe sein."

"Ich bin verändert," erkannte Foss. "Ich habe nicht mehr die gleiche Stärke, wie vorher - auch nicht die gleiche Freude das zu erschaffen, was ich erschaffe."

"Ich habe mich verändert," flüsterte Gro. "Ich habe das kennengelernt, was meine Seele verdunkelt und mich meiner Freude beraubt."

Sie betrachteten ihre hängenden Schultern und ihren gebeugten Kopf, während sie sprach.

"Ich habe mich nicht verändert," wiederholte Hara. "Ich bin immer noch der gleiche und habe die gleiche Freude am Schaffen."

"Was erschaffen?" fragte Gro mit resignierender Stimme.

Er wollte antworten, aber fand keine Worte. Sie sahen ihn von allen Seiten an - sahen in Geisteraugen, in denen sich nichts wiederspiegelte; nichts als Leere, Stille und das Nichts in den Wüsten, deren Geist er war.

Eine einsame Gestalt tauchte in der Ferne auf. Obwohl sie eine Geistergestalt wie sie hatte, näherte sie sich ihrer Gemeinschaft, wie ein Fremder es tun würde. Sie fühlten deutlich, wie die Seele des Fremden von innerem Streit gespalten war - ein Gefühl, daß ihnen unbekannt war.

Gro hob mit einem Ruck den Kopf und starrte mit blanken Augen in die Richtung. Sie lasen von ihrem Gesicht denselben grenzenlosen Schrecken ab, den sie vor noch nicht langer Zeit auch bei Foss gesehen hatten. Sie nannten es Schrecken, denn irgendeine Bezeichnung mußte es haben, das, was sie immer noch nicht ganz verstehen konnten.

Es war Tumor.

Er kam seitlich auf sie zu, fast wie ein Krebs. Die ganze Zeit lächelte er unsicher, als ob er sich nicht sicher war, wie sie ihn aufnehmen würden.

Als er angekommen war, wanderte er um ihren geschlossenen Kreis. Es war deutlich, daß er unter ihnen einen Platz suchte, ohne sich selbst demütigen zu müssen, indem er darum bat. Während er sie beobachtete, blinzelte er angespannt mit den Augen. Als sein Blick das erste Mal dem von Gro begegnete, verwandelte sich sein unsicheres Lächeln in eine starre Maske. Aber auch das überwandt er.

"Setz dich hier an meine Seite," sagte Hara und rückte ein Stück, um ihm Platz zu machen.

Tumor nickte erleichtert und ließ sich nieder.

Noch einmal schlug er eine Kerbe in ihren Frieden, durch Gros grenzenlose Angst. Die Geisteraugen wanderten abwechselnd von Gro zu Tumor, während sie nachdachten und versuchten es zu verstehen. So saßen sie in einem Kreis, die Gesichter zueinander, als die Sonne über der Wüste aufging.

Von dort, wo sie saßen, hatten sie weite Aussicht über die umliegende Landschaft.

Das Geräusch tausender Füße, die sich durch den Sand schleppten, näherte sich ihnen auf der Düne. Sie verloren einen Augenblick die Konzentration, während sie die Szenerie betrachteten, die sich vor ihren Augen abspielte. Sie starrten neugierig auf die Menschenkinder, die durch die Wüste wanderten. Sie bemerkten Angst in manchen Augen, Furchtlosigkeit in anderen. Manche hatten die Lippen zusammengekniffen, sodaß sie nur einen Strich unter der kleinen Nase bildeten, andere - die Furchtsamen - hatten den Mund leicht geöffnet, als ob sie schreien wollten. Einen Schrei, den sie nicht schreien durften. Die Rufe der Erwachsenen, die sie antrieben, zerrissen die Luft. Während all dies geschah, saß Tumor unruhig da und verfolgte es. Etwas sagte ihnen, daß er nicht wünschte diesem Geschehen beizuwohnen, genauso, wie er nicht wünschte, daß sie es taten. Aber immer noch hatte keiner von ihnen eine Ahnung, was da passierte.

"Was soll da geschehen?" fragte Erd langsam. "Vielleicht kannst du es uns sagen, Bruder Tumor?"

Tumors Augen flackerten von einem zum anderen, darauf hinunter zu der Kinderschar, um dann wieder zu den Geistergestalten zurückzukehren.

"Das ... das sind Kinder," stammelte Tumor leise.

"Das sehe ich auch," erwiderte Erd.

Tumor seufzte schwer. Wie ein Mensch, der gerade in eine Ecke gedrängt worden ist, und anderen eine grausame Wahrheit mitteilen muß, von der er gehofft hatte, sie würde ein Geheimnis bleiben.

"Sie sollen in den Krieg," flüsterte er dann.

Die Kinder setzten ihre Wanderung in Richtung eines Silberstreifens in der Ferne fort - der Streifen war das Meer, da wo die Wüste aufhörte. Sie klammerten alle die Hände um einen Schlüssel, den sie an einer dünnen Lederschnur um den Hals hängen hatten.

"Was ist Krieg?" fragte Gross.

Es war still, während Tumor nachdachte.

Foss und Gro betrachteten ihn aus den Augenwinkeln. In ihren Augen brannte die Furcht, die sie eben in den Kinderaugen am Fuß der Düne gesehen hatten.

"Ich hatte einen Traum," flüsterte Tumor und sah mit einem verträumten Blick auf seine Hände.

"Vom Krieg?" fragte Hara schroff.

Tumor schüttelte den Kopf. Er strahlte eine innere Verzweiflung aus. Er ballte die Hände, streckte sie aus und betrachtete nachdenklich den Sand, der durch seine Finger rieselte.

"Einen schönen Traum," flüsterte er. "Einen Traum von Sheer."

Sie wollten ihn gern von dem Traum erzählen hören. Darum saßen sie unbeweglich da, um ihn nicht zu stören. Tumor hatte sich ganz in sich selbst zurückgezogen. Es machte den Eindruck, als spräche er mehr mit sich selbst, als zu den anderen. Wieder fiel ihnen an ihm etwas auf, daß sie nicht kannten, von dem sie aber wußten, daß sie es kennenlernen mußten, um den Geist der Menschen verstehen zu können. Sie spürten auch die Bedrängnis seiner Seele, die sie an den schmalen Falten in seinem Gesicht und in dem Flackern seiner Augen bemerkten.

Während sie auf Tumors Erzählung warteten, kamen tausende von Kindern an ihnen vorbei - wie Schatten einer Traumwelt, unten am Fuß der Düne.

"Ich träumte..." Tumor hielt inne. Ein schwaches Lächeln glitt über sein Gesicht. Auch sie lächelten unsicher, um ihn aufzumuntern weiterzuerzählen.

"Ich träumte, ich wäre von Wasser umgeben." Er wandte seine Aufmerksamkeit dem Geist der Meere zu. "Ich träumte, ich lebte in dir, Ozean. Du warst meine Welt, und alles, was ich wußte, war eben dadurch bedingt. Ich..."

Ein metallisches Schnarren unterbrach die Stille. Kleine Wolken von aufgewirbeltem Sand schwebten in langen Reihen, wie Fontänen in der Sonne, zwischen den Kindern. Sie gingen weiter voran durch Hitze und Furcht.

Tumor, der mitten in einem Satz unterbrochen worden war, saß wie festgenagelt da, und starrte mit offenem Mund und weit aufgerissenen Augen dorthin. Die Geisterkrieger folgten seinem Blick, zu überrascht, um etwas zu sagen.

Die erste Reihe der kleinen, sonnengebräunten Körper fiel vornüber und blieb liegen. Sie sanken ohne einen Laut zusammen, während die Seelen ihre Körper verließen und gen Himmel flogen. Und diese Seelen waren Wiederspiegelungen von Tumor, der vor ihnen auf der Düne saß.

Sie hörten den Schrei der Kinder und sie hörten ihn doch nicht. Tumor hörte ihn deutlich und hämmerte mit plötzlichem Zorn scinc gcballten Fäuste in den Sand.

"Es ist durchaus nicht so, wie ihr glaubt!" rief er heftig und sah sie anklagend an.

"Was glauben wir denn, Bruder Tumor?" flüsterte der Geist der Wolken.

Das Blut, das den Sand unter den verstümmelten Körpern färbte, gerann zu einer harten Kruste in der glühenden Sonne.

"Das..." Tumor versteckte sein Gesicht in den Händen, während er in heftigen Stößen atmete, wie Menschen es tun, wenn sie unglücklich sind. Sie ließen ihn kurz in Frieden sitzen, bevor sie sich wieder an ihn wandten.

"Du kannst uns vielleicht erzählen, warum die Menschen ihre eigenen Kinder töten?" fragte Lue.

Tumor schüttelte den Kopf, ohne die Hände von seinem Gesicht zu nehmen.

Sie warteten, während die Fontäne ihre Spur kreuz und quer durch die Wüste zog, und die Körper weiter auf die Erde sanken. Gefühle stritten mit unbändiger Wildheit in Tumors Innerem, aber sie gaben ihm die Zeit, die nötig war.

Als sich die Sonne der goldroten Horizontlinie näherte, hatte er sich ein wenig beruhigt.

Die Wüste war übersät mit Leichen. Ihnen allen gemeinsam war, daß die kleinen, blutigen Hände sich immer noch um die Schlüssel an den Lederschnüren klammerten.

Das harte, metallische Schnarren war verhallt.

"Du hattest einen Traum?" versuchte Nebel.

Tumor ließ langsam die Hände sinken und richtete sich auf. Sie wichen unwillkürlich ein Stück zurück, als sein Blick die ihren traf. Wieder wurden sie von seinem Zorn getroffen; diesem unbändigen, allesvernichtenden Zorn, der an einem Platz in seiner Seele wohnte, und so merkwürdig an ihm war. Und weil sie ihn nicht verstanden, wußten sie nicht, wie sie reagieren sollten. Doch unwillkürlich fühlten sie dieselbe Furcht, die Gro und Foss schon vorher gefühlt hatten.

"Ihr seht mich an, mit Spott in euren Augen!" Er rief es so laut er konnte. Und doch konnten nur sie ihn hören. "Ihr erlaubt Euch auf mich herabzusehen, obwohl ich der Geist der Menschen bin - und darum den Anspruch habe, respektiert zu werden!"

Zuerst drohte er ihnen mit den Fäusten. Dann änderte sich der Ausdruck in seinen Augen und wurde mißtrauisch. "Ihr habt euch vielleicht zusammengefunden, aufgrund der Erkenntnis des Einzigartigen, was gerade ich repräsentiere." Er zischte die Worte mehr hervor, als das er flüsterte.

"Einstmals habe ich geglaubt, es würde für ewig sein," sagte Gro, die nun das erste Mal sprach, seit sie gekommen war.

Tumor drehte den Kopf mit einem Ruck, und starrte sie an. Sie wandte das Gesicht von ihm ab, und betrachtete die anderen.

"Das was ewig dauern würde?" fragte Nebel ausgleichend.

"All dieses," antwortete Gro und beschrieb mit ihrer Hand einen Bogen durch die Luft. "Diese Welt." Sie drehte sich zu Tumor und hielt ihn mit ihrem Blick fest.

"Einstmals, vor langer, langer Zeit," flüsterte sie kalt und erinnerte ihn daran, daß es diese Welt schon gegeben hatte, bevor die Menschen kamen.

Tumor sank langsam zusammen. Die angespannten Schultern senkten sich, und der Zorn in seinen Augen verzog sich, während er sich in eine verwinkelte, beschützende Ecke seiner Seele zurückzog.

"Du hattest einen Traum." Nebel lehnte sich zu Tumor und rief ihn zu ihnen zurück.

"Ein Traum..." flüsterte Tumor heiser. "Ja, ich hatte einen Traum." Er saß einen Augenblick und dachte nach, worauf er ohne weitere Einleitung seine Erzählung begann.

"Ich träumte, daß ich in dir lebte, Ozean. Du warst meine ganze Welt, und alle Eindrücke, die ich bekam und imstande war zu begreifen, waren dadurch bedingt." Er schüttelte langsam den Kopf. "Es war ein wunderlicher Traum, aber gleichzeitig war er sehr schön."

Gro ließ ihren Blick hinunter über die Leichen der Kinder wandern, die in den letzten Strahlen der Abendsonne lange Schatten auf die Düne warfen.

"Ich drängte durch das Meer und fand heraus, daß es eine blubbernde Welt der Farben und Geräusche war. Langsam ging mir auf, daß ich eingesperrt in einen Körper war, in einen irdischen Körper. Da ich keine Erfahrung mit so etwas hatte, bemerkte ich erst später, daß ich ein Wal war."

Sie lehnten sich vor und starrten ihn untersuchend an. Sie wußten, dass er das umschrieb, daß sie gekommen waren zu suchen. Er sprach von Deer.

"Es war etwas Schweres und Großes an meiner ganzen Erscheinung. Ich konnte auch jetzt noch meine eigenen Gedanken denken, aber ich konnte in meinem Traumkörper keinen Gebrauch von ihnen machen. Selbst Dinge, die ich verstand, mußte ich so belassen, als verstünde ich sie nicht - weil ich nur ein Wal war."

"Nur..." flüsterte Gro vor sich hin.

Sie sahen den Eifer in seinen Augen, als er seinen Blick in die Runde gehen ließ. Als sie aufmunternd nickten, fuhr er fort.

"Eine rufende Stimme näherte sich mir durch das Wasser. Ich war zur gleichen Zeit überrascht und doch nicht überrascht, zu entdecken, daß ich sie verstand. Ich antwortete obendrein dem fernen Rufen und suchte die Stelle von der es kam. Es gefiel mir, daß etwas solch einen mächtigen Körper haben konnte - und leben. Aber..."

Er hob die Hände vor sich hoch und betrachtete seine eigenen gespreizten Finger. "Aber das, was mich am meisten überraschte, waren die Gefühle, die sich meiner Seele bemächtigt hatten."

"Kannst du die Gefühle beschreiben?" fragte Nebel leise.

Tumor sah auf, als erwachte er aus einem Traum. Seine Lippen kräuselten sich zu einem wehmütigen Lächeln.

"Liebe," flüsterte er. "Das... ich fühlte eine tiefe und innere Liebe zum Leben und den Wesen, die mich umgaben und war ein Teil meiner Welt. Und ich hatte Frieden in meiner Seele." Er holte tief Luft. "Einen inneren Frieden, den ich nie vorher gekannt hatte, seit ich existiere. Nur diese beiden Dinge hatten sich meines Wesens bemächtigt, und verließen mich erst viel später."

Er stellte sich langsam hin. Die Hände mit den gespreizten Fingern schlossen sich verkrampft. "Bloß Liebe..."

"Bloß?" murmelte Nebel fragend. Nun war er sich endgültig im Klaren darüber, daß Tumor Deer getroffen hatte.

Tumor schüttelte den Kopf. "Nein, nicht bloß - das war falsch von mir gesagt, so habe ich es nicht gemeint." Er nickte vor sich hin und fuhr fort.

"Ich traf sie in einem Gewässer, draußen, vor einer Meerenge, die sich durch eine Gruppe kleiner Inseln Wand." Er lachte leise vor sich hin. "Sie hatten sich dort versteckt und riefen durch den Lärm der Brandung, was mich selbstverständlich verwirrte."

Er starrte Nebel an und erklärte. "Selbst wenn ich im innersten, tief in meinem Geisterwesen verstand, daß sie handelte, wie sie mußte - so konnte ich dieses Wissen nicht anwenden, weil ich ein Wal war. Ich war gezwungen, zu lernen und zu begreifen, wie ein Wal es begreift, was um ihn herum vorgeht."

Er lächelte wieder und hatte einen verträumten Blick in den Augen. "Aber es gelang mir, und ich traf sie."

Sie nickten, um ihn aufzumuntern, seinen Bericht fortzusetzen. Er duldete sie in dem Energiefeld seiner Seele des Geistes der

Menschen. Und außerdem gab er ihnen einen Einblick in das, was sie so gerne verstehen wollten.

"Sie war schön," seufzte er. "Eine einzigartige Schöpfung, mit der vereint, das Leben selbst ein schöner Traum wurde. Wir paarten uns weiter draußen im Meer, dort wo die Meeresströmungen sich trafen und ein Zentrum der Kraft bildeten." Tumor legte den Kopf in den Nacken und sah hinauf zu den Sternen. "Sie ... bekam ein Junges. Es kämpfte um sein Leben. Wir mußten ihm an die Wasseroberfläche helfen, damit es atmen konnte." Er seufzte laut. "Jetzt, hinterher, sehe ich, daß wir es uns nicht erlauben konnten, unsere Welt zu begrenzen, indem sie nur diese zwei Dinge enthielt."

"Welche zwei Dinge?" fragte Gross.

"Liebe und Seelenfrieden," flüsterte Tumor.

Sie sahen einander verstohlen an.

"Endete der Traum da?" Liv hatte sich zu ihm herübergelehnt.

Tumor wandte sich ihr zu und kniff die Augen zusammen. Nach einer kleinen Pause schüttelte er langsam den Kopf.

"Wie endete er dann?"

Tumor warf einen raschen Blick über die Düne, auf die Leichen der Kinder, die die Wüste bedeckten.

"Wir lebten von Dingen, die zu klein waren, als daß wir sie sehen konnten. Eine merkwürdige Erinnerung. Wir öffneten bloß den Rachen und füllten uns damit, ohne zu wissen was es war oder woher es kam. Wir widmeten dem nicht mal einen Gedanken."

"Wie endete dein Traum?" unterbrach Ozean.

Tumor schien eine Veränderung durchzumachen. Es war so deutlich, daß der, den er den Eindruck gemacht hatte zu sein, sich nun in einen anderen verwandelte. Es ging ihnen langsam auf, daß der Geist der Menschen nicht nur aus einer, sondern aus vielen zusammengesetzten Seelen bestand - und das diese Seelen untereinander sehr verschieden waren. Er strahlte jetzt eine

Verbitterung aus, eine Verbitterung, die einen Augenblick vorher überhaupt nicht zu erkennen gewesen war.

"Wir kannten doch alle die Geräusche, die es dort gab," begann Tumor. "Jetzt wundere ich mich, daß wir nicht stutzig wurden, über die Geräusche, die durch das Wasser auf uns zukamen, von einer Stelle weit weg in der Ferne."

Seine Unterlippe zitterte leicht. "Wir kannten keine Furcht und Grausamkeit. Wir konnten uns nicht gegen etwas wehren, von dessen Existenz wir nichts wußten."

Er sah fast aus, als wollte er nicht weitererzählen. Und doch war da etwas, das ihn zwang seine Erzählung fortzusetzen.

"Wir tauchten und fraßen. Das Junge folgte uns in größere und größere Tiefen. Es wuchs fantastisch schnell. Eines Tages sah ich es selbständig fressen und begriff, das Sheer es nicht länger säugte."

"War es Sheer - der weibliche Wal?" fragte Wind.

Tumor schloß die Augen und nickte.

"Es sieht aus, als würdest du vermeiden, zum Ende zu kommen, Bruder Tumor," flüsterte Hara rauh.

Tumor nickte wieder und öffnete die Augen. Er war völlig verändert. Das bleiche Mondlicht gab seinem Geisterkörper einen flimmernden Schein.

"Es war ein dumpfes Geräusch. Ähnlich wie ein schweres Hämmern auf der anderen Seite eines Waldes.

"Es war wie ein Herz, das sich den Weg durch den Ozean schlug, ein hartes und kaltes Herz, das in demselben monotonen Rhythmus schlug." Er breitete die Hände aufgebend auseinander.

"Die ganze Zeit nahm das Pulsieren des harten Herzens zu, mit der Folge, daß sich unsere Neugier steigerte. Wir suchten nach ihm in der Strömung, um unsere ererbte Neugierde zu befriedigen."

Er hob die Hände und klopfte mit einem Finger gegen seine Lippe.

"Wir tauchten auf und bliesen. Es war das letzte Mal, daß wir den Frieden fühlten, der unsere Welt erfüllt hatte."

Sie starrten ihn mit ihren Geisteraugen an, ohne den mindesten Laut hervorzubringen oder eine Bewegung zu machen.

"Es endete im Chaos. Chaos und Schrecken. Es war alles so verwirrend. Aber das verändert sich ja mit der Zeit. Jetzt ist es mehr ein Wirr-Warr von grausamen Erinnerungen als richtiger Gedanken. Verstreute Bilder von allem was passierte sind alles, was ich fähig war, in meinem Gedächtnis zu behalten."

Tumor war ganz in sich zusammengesunken. Unbewußt machte er sich so klein wie möglich, als wolle er vermeiden, zu viel Interesse zu wecken.

"Was erinnerst du?" wünschten sie zu wissen. "Wie erging es Sheer?"

Sie konnten Nebel nicht länger das Gespräch mit ihm leiten lassen. Sie waren ganz einfach zu neugierig. Etwas in ihnen zwang sie, ihn auszupressen. Sie waren so dicht dran, Einsicht in all das zu gewinnen, was er repräsentierte - all das, was sie nicht verstanden. Sie waren sich bewußt, daß er diesmal reden würde, weil seine harte Schale verschwunden und abgelöst worden war von einer Seite seines Wesens, die wünschte, sich auszusprechen und ihr Gewissen zu erleichtern.

"Mein Bewußtsein war angefüllt mit Geräuschen und Gerüchen. Viele davon unbekannt für mich bis zu diesem Zeitpunkt. Aber ich konnte beides, Sheers Angst , hören und riechen. Sie hatte es vorher schon gesehen, im Gegensatz zu mir. Ich hörte, daß sie tauchte und wußte, daß sich das Junge dicht bei ihr halten würde. Ich tauchte, um mit ihnen zusammen zu sein. Aber etwas hielt sie fest und hemmte ihre Bewegungen. Der Geruch ihres Blutes erfüllte das Meer. Sie konnte nicht atmen. Ich tauchte unter sie, um zu versuchen, sie oben zu halten." Tumor hielt einen Augenblick inne, und sah sich mit einem fiebrigen

49

Blick um. "Es war zu diesem Zeitpunkt, als mir aufging, daß sich etwas in ihren Körper gedrängt hatte und dabei war, sie zu töten. Und wieder hörte ich ein hartes Dröhnen und fühlte, wie Sheers Körper bebte, als ein Stahldraht genau an mir vorbeipeitschte, durch das Wasser." Er seufzte aufgebend, und seine Stimme klang gequält, als er fortfuhr. "Damals verstand ich nicht, es zu deuten, wie ich es jetzt kann. Und sah all das Blut ..." flüsterte er heiser.

Gro betrachtete ihn mit einem starren Blick. Es war etwas an Tumor, das sie einerseits erschreckte - aber auch ihr Mitleid weckte.

"Andere Wale kamen hinzu, herbeigerufen durch ihren Schrei. Das Meer war mehr Blut als Wasser. Eine gewaltige Kraft zog sie aus dem Wasser, als würde sie nichts wiegen, während das Blut aus ihr herausströmte. Ich begann nach dem Jungen zu suchen, aber ich konnte es nicht finden. Ich nahm an, es war ihm gegangen, wie es Sheer ergangen war, und gab zuletzt die Suche auf." Tumor sah auf Gro, die oberhalb von ihm saß und ihr Gesicht in ihren Händen verbarg. "Es war so jung, und es hatte noch nicht einmal einen Namen."

Wieder begnügten sie sich mit einem Nicken, aus Furcht, er könnte den Faden verlieren.

"Wie lange das Ganze dauerte, weiß ich nicht. Wale haben keine Zeitrechnung. Aber plötzlich war ich auf dem Weg fort von dort. Ich war allein und der einzige Schrei, den es im Meer gab, war mein eigener. Und die einzigen Gefühle, die ich in meiner Seele hatte, waren Trauer und Schrecken."

Der Wind blies leicht über die Wüste, unten am Fuß der Düne. Der Sand fegte leise über die Leichen der Kinder, um sie nach und nach zu bedecken. Tumor sah dorthinunter, aber sah es nicht, weil er vollständig auf seinen Traum konzentriert war.

"Das Geräusch des schlagenden Stahlherzens wurde schwächer, weil ich versuchte so schnell ich konnte, zu verschwinden.

Aber all diese Eindrücke hatten an meinen Kräften gezehrt, und ich fühlte mich schwach und elend. Und während ich über den Verlust all dessen trauerte, was ich liebte, holte es mich wieder ein. Als ich darauf aufmerksam wurde, suchte ich unten in der Tiefe dem Verhängnis zu entkommen, von dem ich wußte, daß es in der Nähe des harten Herzens lauerte."

Tumor wandte sich an keinen direkt, als er sprach. Er sprach sich aus, über sein Gefühl des Elends, und er tat es um seinetwillen.

"Wenn ich tauchte wurde das Geräusch schwächer. Aber jedes Mal, wenn ich auftauchte um zu blasen, nahm es wieder zu. Nur wenn ich mitten im Tauchen die Richtung wechselte, konnte ich es auf Abstand halten. Aber heute weiß ich, daß sie mein Blasen gesehen haben müssen, wenn ich an der Oberfläche war."

Er schüttelte den Kopf.

"Zuletzt hatte ich keinen Zufluchtsort mehr, gleichgültig in welche Richtung ich meine Sinne wendete, war das Meer angefüllt mit Lärm und schlagenden Stahlherzen."

Tumors Stimme hatte einen schrillen Unterton, und er schlug rasend die Fäuste in den Sand an seiner Seite. "Der brennende Schmerz im Rücken ist das letzte, an das ich mich erinnere!"

Er rief diese Erkenntnis aus, mit der ganzen Kraft seiner Lungen. Er saß und wiegte sich hin und her, mit den Armen über der Brust gefaltet, während er ganz leise schluchzte.

"Was geschah danach?" fragte Nebel.

"Ich erwachte," wimmerte Tumor.

"Was fühltest du unmittelbar nach dem Traum?"

"Wut und Trauer," antwortete Tumor schnell. " Ich werde eine fürchterliche Rache nehmen!" erklärte er schrill. Dann bemerkte er ihre verwirrten Gesichtsausdrücke. "Rache ist..."

Wind hob abwehrend die Hände. "Wir wissen, was Rache ist," warf er ein, "wir verstehen es nur nicht."

Tumor reckte das Kinn vor. "Versteht ihr nicht, warum ich den Wunsch habe, Rache zu nehmen?" stieß er hervor.

"Mit unserem Verstand verstehen wir, was Rache ist," bemerkte Lue, die sich nun einmischte. "Aber wir verstehen Rache nicht mit unseren Herzen."

Tumor starrte sie verwundert an.

Nebel lehnte sich vor. "Gegen wen willst du deine Rache richten, Bruder Tumor?"

"Ja, aber ..." Tumor stöhnte irritiert. "Sie kamen doch und töteten sie dort, vor meinen Augen. Sie taten es einfach - aber sie hatten kein Recht dazu!"

"Wer waren sie, Bruder Tumor?"

Tumor schwieg mitten im Satz, mit geballten Händen in der Luft. Es ging ihm auf, daß er sich selbst in eine Ecke gedrängt hatte. Der Gedanke streifte ihn, ihnen die Schuld zu geben, aber er gab es auf, bevor er den Gedanken zu Ende gedacht hatte. Sein Blick änderte den Ausdruck. Er sah aus, als ob er dächte, sie hielten ihn zum Narren.

"Wer waren sie? Tu uns den Gefallen und sage es uns selbst, Bruder Tumor," flüsterte Wind.

"Aber ... es waren Menschen." Seine Stimme war wie das Wispern des Windes über den Dünen. Er sah in die Runde. Ihre Augen begegneten den seinen ohne Zögern. Er bekämpfte das Gefühl der Einsamkeit, das in seiner Seele wuchs. Er würde nie wie sie werden, und nie einen Platz in ihrem Kreis und ihrer Gemeinschaft einnehmen, so wie sie. All dies erkannte er in dieser Sekunde. Sie sahen seine Bedrängnis, aber hatten keine Ahnung, wie sie eingreifen könnten.

Sie fühlten sich machtlos gegenüber all dem Ungestümen in Tumors Seele, das sie nicht verstanden.

Es dauerte lange, bis einer von ihnen sprach. Jeder wiederholte für sich in Gedanken, was er gesagt hatte. Sie analysierten es so gut sie konnten, ohne richtig fähig zu sein, es zu verarbeiten. Sie hielten ihn mehr und mehr für ein gespaltenes Wesen, ein kompliziertes und wildes Wesen. Und sie meinten einen Zusammenhang zwischen dem Kampf seiner gefühlvollen und harten Seite seiner Seele und der gewaltsamen Behandlung von allem, was um ihn herum war, zu sehen. Sie fürchteten ihn nicht weniger als vorher, aber nun begannen sie zu verstehen, warum sie ihn fürchteten.

Eine Erkenntnis gewannen sie alle. Die Erkenntnis, daß der, der das Rätsel um die Wildheit im Geist der Menschen lösen konnte, Tumor selbst war.

"Warum kamt ihr zurück?" fragte Tumor plötzlich. "Ihr hattet mich doch verlassen." Es war ein deutlicher Vorwurf in der Betonung seiner Worte.

"Wir sind die Regenbogenkrieger," antwortete Nebel ohne Umschweife.

"Wo ist euer Krieg?" fragte Tumor.

Nebel runzelte die Brauen, aber antwortete ihm nicht.

"Krieger kämpfen," erklärte Tumor. "Krieger, die nicht kämpfen oder Krieg führen, sind es nicht wert, sich Krieger zu nennen." Er sah Nebel scharf an. "Wo ist euer Krieg, nun da ihr euch selbst Krieger nennt?"

Nebel nickte langsam und verstehend. Er spitzte den Mund und runzelte die Stirn. "Er ist hier," sagte er ruhig. "Und wir sind dabei zu lernen, wie ein Krieg geführt wird." Er sah zur Seite, hinunter über die Leichen im Sand.

Tumor drehte sich und folgte der Richtung seines Blickes. Er verkrampfte sich etwas, als er sagte: "Es gibt auch andere Formen des Krieges."

"Das weiß ich," sagte Nebel.

7. Kapitel

Sie hatten verabredet, die Suche nach Deer aufzunehmen. Nur hatten sie nicht die geringste Idee, wo sie sich verborgen hielt. Sie hegten keinen Zweifel daran, daß irgendjemand oder irgendetwas sie so gewaltig erschreckt haben mußte, daß sie sich nicht einmal jetzt zu zeigen wagte, wo sie zurückgekommen waren.

Doch Tumor hatte sie gebeten, zu einer Stelle zu kommen, die die Menschen das "Dach der Welt" nannten, und sie hatten versprochen, ihn dort zu treffen. Er wollte ihnen etwas zeigen, hatte er gesagt. Und weil sie so waren, wie sie waren, unterbrachen sie noch einmal ihre Suche, um herauszufinden, ob das, was er ihnen anzubieten hatte, ihren Glauben an eine gemeinsame Zukunft auf dieser Welt, die sie am Leben zu erhalten versuchten, ändern könnte.

Noch einmal versammelten sie sich.

Tumor hatte eine Stelle ausgewählt, die über den Wolken lag.

Sie befanden sich auf einem Absatz eines kahlen Felsens, einer Stelle, wo der Bergrücken nach Norden hinter ihnen abfiel. Nach Süden, Westen und Osten fiel der steinerne Abhang weiter weg von ihnen ab, wo er weiter unten von einem alles verwischenden Wolkenteppich verschluckt wurde. Soweit sie sehen konnten, ragten die Berggipfel hinauf bis zu den Wolken, wie Raubtierzähne in das Fell eines Lamms.

Tumor stand unter der Stelle, wo sie saßen, mit dem Rücken zu ihnen. Er studierte die Landschaft, mit einer Hand unter das Kinn gestützt. Nach einer Weile drehte er sich um und kam auf sie zu.

Er wirkte sanft und unsicher, so, als ob er sich auf eine Rolle konzentrieren müßte, die er zu spielen hatte.

"Ich habe diese Stelle aus einem einzigen Grund gewählt," fing er an. Als keiner antwortete, fuhr er fort.

"Hier sind keine Menschen." Er drehte sich halb, und ließ seine Hände einen großen Bogen durch die Luft, von Osten nach Westen, beschreiben. "Hier gibt es keine Spuren von dem, was Menschen verrichten. Hier gibt es nur die Natur, wie sie war, bevor die Menschen dazukamen."

Er hatte sich schon warm gesprochen. Die Unsicherheit war weg. Er sprach zu ihnen, als wäre es selbstverständlich, daß sie zuhörten.

"Merkt euch diesen Platz - und erinnert euch an ihn! Er ist auf mehr als eine Weise einmalig."

Sie nickten und murmelten bekräftigend, um ihn nicht zu kränken.

"Ich möchte euch auf eine Reise mitnehmen." Er ging ganz nah auf sie zu und setzte sich in die Hocke. "Ich möchte euch so gerne ein paar Dinge zeigen, die Menschen auf dieser Welt geschaffen haben. Ich bin sicher, daß ihr dann verstehen werdet, was für ein großartiges Wunder es ist, und daß ihr einsehen werdet, wie wichtig es ist, daß die Welt sich darauf einrichtet, mit den Menschen zu leben."

Sie sahen einander an und überlegten, ob sie die Zeit dazu hätten. Sie hatten es immer noch nicht geschafft, Deer zu finden. Aber sie dachten weiterhin, daß es eine schwache Hoffnung gab, daß Tumor sie zu ihr führen konnte.

Sie machten sich bereit. Tumor lächelte, wie nur er lächeln konnte, und wandte sich um, ihnen den Weg zu weisen.

Es war ein Platz, ganz anders, als der, auf dem sie sich getroffen hatten. Sie standen in der Wüste, mitten unter der brennenden Sonne, mit dem Blick in die Richtung gewandt, in die Tumor schaute. Er hielt inne, um den Eindrücken Zeit zu geben, sich zu festigen. "Assuan ... " flüsterte er entzückt.

Sie unterbrachen ihn nicht und gaben keinen Kommentar zu dem von Menschen geschaffenen Bauwerk, daß sich vor ihren Augen über die Landschaft erstreckte.

"Das ist ein Damm," erklärte Tumor atemlos. "Gebaut von Menschen, um Energie für lebenswichtige Zwecke zu schaffen."

"Er hat eine gewaltige Größe," erkannte Nebel.

Tumor sah ihn mit blanken Augen an. Er konnte den Stolz, den er fühlte, über das, was er ihnen zeigen konnte, nicht verstecken.

"Im Vergleich zu was?" fragte Hara, der ein Stückchen weiter weg von ihnen stand. "Was ist es, was du versuchst uns zu sagen, Bruder Tumor?"

Tumor hob die Brauen und konnte nur mit Mühe seine Ungeduld im Zaum halten. "Aber - das ist doch gerade das großartige Wunder, das ich euch zeigen will. Versuch doch es zu sehen, anstatt alles mit argwöhnischen Augen zu betrachten."

Sie akzeptierten und versuchten es so gut sie konnten.

Hinter ihnen, etwas weiter östlich, wuchsen drei gewaltige Steinzähne hinauf in den klaren, blauen Himmel. Ozean zeigte dort hinüber und wollte etwas fragen, aber Tumor kam ihm zuvor.

"Das ist noch ein Beispiel," rief er aus. "Diese Steinkolosse werden alles andere auf dieser Welt überleben. Sie sind unvergänglich, so wie Gebirge unvergänglich sind."

Gross betrachtete sie, ohne etwas zu sagen.

"Willst du damit sagen, sie sind von Menschenhand erschaffen?" sagte Erd.

Tumor nickte bestimmt. "Ja!" antwortete er.

"Kannst du es in deiner Erinnerung vor dir sehen?" Nebel hatte die Hand auf seine Schulter gelegt und sah ihn freundlich aus dem Augenwinkel an.

Tumor erstarrte und kniff die Augen zusammen. Dann drehte er sich um und sah sie verunsichert an. "Nein, aber daran ist ja doch kein Zweifel." Er wedelte mit den Armen, wie er es zu tun pflegte, wenn er sie von etwas überzeugen wollte, was er mit Sicherheit wußte. "Ich sehe keinen Grund, das in Zweifel zu ziehen."

Erd betrachtete die gewaltigen Pyramiden. "Nein, du kannst wohl nichts dafür," murmelte er dann. "Ist da noch mehr, was du uns zeigen möchtest?"

Foss stand etwas weiter abseits von ihnen, am Fuß einer Düne in der Wüste. Gro wurde aufmerksam auf ihn, weil sie die dunkle Aura sah, die ihn umgab. Er war ganz damit beschäftigt, den Damm in der Ferne zu studieren. Sie verließ die anderen und begab sich zu ihm hinüber.

"An was denkst du, Bruder Foss?" flüsterte sie und lehnte sich an ihn.

Ohne den Blick von dem massiven Damm zu wenden, flüsterte er: "Ich bin einmal gegen eine solche von Menschen erschaffene Mauer gestoßen. Aber das war nicht das Schlimmste."

Gro stützte ihren Kopf auf seine Schulter. "Was dann?" flüsterte sie sacht.

"Das ... " antwortete er. Sein Blick war fest auf die schwarzen speienden Rohrleitungen gerichtet, die etwas unterhalb der Kante des Dammes hervorstakten. "Sie zogen meine Kräfte aus mir und danach warfen sie mich weg. Ich werde nie vergessen..."

Tumor bemerkte, daß sie noch nicht von seiner eigenen Begeisterung gefangen waren. Aber er würde ihnen alles zeigen und sie zwingen, es zu verstehen und zu akzeptieren.

Weil sie Geister waren und somit keine Elemente der physischen Welt, konnten sie reisen und sich überall frei bewegen, wie sie es wünschten.

Sie spähten über das Meer, mit den Füßen versteckt in der schäumenden Gischt der Krone einer Welle, die sie über die blaugrüne Fläche des Ozeans trug. Etwas weiter weg von der Stelle, wo sie sich befanden, schossen mehrere Stahltürme in den

Himmel. Die Luft widerhallte von Lärm; schrilles, winselndes, jammerndes Dröhnen aus der Tiefe des Meeres.

Die Wellen hämmerten schäumend um die Beine der Türme, aber sie rückten und rührten sich nicht. Weiter draußen im Meer zeichneten sich die Konturen von vielen Schiffen ab. Riesige, dickbäuchige Schiffe - groß genug, um eine ganze Stadt in sich aufzunehmen.

"Sie gewinnen Öl," erklärte Tumor, während die Welle sie langsam vorbeitrug. "Sie holen es tief unten aus dem Meeresgrund, transportieren es an die Oberfläche, worauf sie es dann in andere Teile der Welt verfrachten - auf den Schiffen, die ihr da draußen seht." Er zeigte auf die Mastodonte am Horizont.

"Was wollen sie mit Öl?"

"Öl ist die Energie der Welt," stellte Tumor fest.

"Meiner Welt nicht," bemerkte Hara lakonisch.

"Die Energie der Welt der Menschen," sagte Tumor hart. "Über die sprechen wir doch, oder?"

Sie nickten pflichtschuldig, weil er Recht hatte.

"Warum macht ihr das mit dem Meer?" fragte Ozean. Sie sahen wie er über die Wellen und entdeckten einen schmierigen Glanz, bis zu den Schiffen in der Ferne.

"Man kann ja nicht alles perfekt machen," behauptete Tumor.

"Es hat nichts zu bedeuten, das Meer ist groß." Er legte brüderlich seinen Arm halb um Ozeans mächtige Schultern. "Beinahe unendlich groß, könnte man sagen."

Ozean versuchte zu lächeln, aber er konnte es nicht.

8. Kapitel

Sie trieben mit den Wolken. Sie nahmen die Veränderung, die die Welt durchmachte, jetzt auf eine andere Weise wahr, wo Tumor bei ihnen war. Aber abgesehen davon, wie sie auch versuchten, die Sachen, die Tumor ihnen zeigte, zu seinem Vorteil zu sehen, war es ihnen hinterher klar, daß er das Ganze mit anderen Augen sah, als sie selbst.

Sie schauten mit Augen, die versuchten, zu verstehen, den schlanken, silbrig glänzenden Metallrümpfen nach, die durch die Atmosphäre um sie herum jagten. Und sie lauschten dem fernen Donnern, das den Spuren der glänzenden Zylinder folgte. Tumor bemerkte ihre verwunderten Blicke und amüsierte sich über ihren Widerwillen, ihn danach zu fragen. Zuletzt erbarmte er sich und wedelte mit den Armen.

"Zuerst konnten die Menschen nicht fliegen," rief er mit sanfter Stimme. "Aber sie brachten es sich bei!"

Sie beobachteten ihn, ohne zu antworten.

Tumor kniff die Augen zusammen, zeigte auf einen fernen, gleitenden Strahl und flüsterte: "So sprengen die Menschen die Grenzen - gerade das ist es, was sie so einzigartig macht!"

Sie atmeten die stürmischen Winde, die die äußere Atmosphäre der Erde durchströmten, ein. Sie versuchten, die verschiedenen Düfte zu unterscheiden, aber viele Gerüche waren ihnen unbekannt. Dagegen war die Wirkung davon, daß sie fähig wurden, wirklich genug von allem, zu erfassen. Die Wahrnehmung eines langsamen, aber unerbittlichen Würgens, das seinen Griff um die Welt spannte, während die Sonne weiterhin auf den blanken Stahlkörper in der Ferne schien.

Selbst Tumor mußte die Existenz dieses ersten, keimenden Zeichens des Würgens erkannt haben, das dabei war seine Netze über die Welt zu spannen. Denn plötzlich blieb er stehen und wandte sich um zu ihnen, sein Gesicht war ernst und die Geisteraugen zusammengekniffen, während er tief Luft holte.

Sie hatten schon früher gesehen, wie seine Stimmung sich veränderte. Sie waren Zeugen von unvermittelt auftretenden Veränderungen seiner Psyche und seines Benehmens gewesen - Veränderungen, die sie selten erklären und fast nie verstehen konnten.

Später, als sie in den Wolken wanderten, die an einer Küstenlandschaft am Meer vorbeizogen, ereignete sich eine Begebenheit, die ihre Furcht vor allem verstärkte, für das Tumor stand.

Es begann damit, daß ihre Aufmerksamkeit durch ein in menschlichem Ermessen gigantisches Wesen erregt wurde, tief unter ihnen. Sie beobachteten die Szenerie mit deutlicher Neugierde, und Tumors Stimme zitterte ganz leicht, als er ihnen erklärte, was dort geschah. Er sprach flüsternd und lange von der noch unentdeckten Welt im äußeren Raum - und über die Gedanken, die sich die Menschen in Hinsicht auf die Zukunft dieser äußeren Welt gemacht hatten.

Noch während Tumors Erklärung schoß ein scharfes Licht wie eine Welle über das Land. Es war ein strahlendes Glühen, wie das Licht von einem fernen Stern. Ein silberglänzendes Monstrum hob sich von einer Rampe an der Küste, während das Dröhnen der Flammen keine anderen Wahrnehmungen zuließ.

Die Geisteraugen richteten sich auf Tumor, dessen Lippen sich zu einem energischen Grinsen kräuselten.

Der zylindrische Körper hob sich von der Rampe - erst langsam, schwer und ohrenbetäubend, danach zitternd unter der enormen Belastung, während die Geschwindigkeit sich steigerte und der Lärm zunahm. Mitten in dem ohrenbetäubenden Donnern, lauerte die Stille, wie ein Vakuum im Himmel, aus dem die Geisteraugen erstarrt Tumors Eroberung des Alls betrachteten.

9. Kapitel

Sie waren Tumor über einen kleinen Zeitraum gefolgt.

Nun hatten sie beschloßen, jeder seines Weges zu gehen, teils um über alles nachzudenken, teils um zu versuchen, den Schlüssel zu dem Rätsel um Deer zu finden. Sie hatten Tumor versprochen, sich wieder mit ihm zu treffen, später...

Er konnte die Zukunft nicht sicher voraussagen. Keiner von ihnen konnte es. Aber er konnte sehen, in welche Richtung sie hinauslief, weil er fähig war, die Tendenzen in der Entwicklung der Dinge zu sehen, wie die anderen.

Er hatte sich auf ein Plateau gesetzt, das sich mit einer Vertiefung in die oberste, poröse Lage eines der unzähligen Sandsteinberge schnitt, der aus dem Sandmeer in der Wüste herausragte. Von dort hatte er eine weite Aussicht über die Landschaft.

Der Felsen war rundgeschliffen und flach durch die ewige Erosion der Sandstürme. Er hatte diese Stelle schon immer, weit zurück bis an den Anfang seiner Erinnerung, bevorzugt.

Die Sonne war am Untergehen über der weitreichenden, rötlichen Ebene. Eine tieforange, glühende Kugel, eingehüllt in flimmernden Dunst an dem fernen Gewölbe. Hara hob den Kopf und ließ den Abendwind seine Wangen streicheln. Die kühle, trockene Abendluft der Wüste.

Er verfiel tief in Gedanken, stets mit den Geisteraugen geschlossen und den Händen leicht hinter dem Nacken verschränkt.

In seinen Gedanken reiste er zurück zum Ursprung seiner Erinnerungen, zu dem Zeitpunkt, als die Welt geboren wurde und das Leben begann. Er erinnerte sich an jede Einzelheit, über diesen unfaßbaren Zeitraum. Er erinnerte deutlich, wie Wind sie um sich versammelt hatte und ihnen beigebracht hatte Demut zu zeigen, gegenüber allem, was sie dabei waren, zu erschaffen. Hara war gezwungen worden, sich zurückzuhalten, denn die Erde sollte mehr und anderes sein, als Wüste - Obwohl es Wüste war, was die Erde einmal am Morgen der Zeit gewesen war.

Hara reiste im Geiste und verlor jedes Gefühl für Raum und Zeit.

Plötzlich fühlte er sich beobachtet und öffnete langsam die Augen.

Tumor stand vor ihm auf der Felskante. Die Sonne war längst untergegangen. Die Sterne leuchteten von einem tiefschwarzen Himmel, und der Mond hing wie ein glänzendes, blauweißes Auge halb versteckt hinter Tumors Schulter.

Tumor sagte nichts. Er stand bloß da und beobachtete den erwachenden Hara mit einem strengen Zug um den Mund.

Hara streckte seine Glieder und ließ die Arme auf den Knien ruhen. Es war etwas Undefinierbares an Tumors Ausstrahlung, als wohne in seiner Seele etwas Gewaltsames und intensives, das er nur unter Aufbieten all seiner Stärke fähig war, im Zaum zu halten. Hara bemerkte es - und ignorierte es. Er war nicht wie die anderen.

Tumor bewegte sich auf ihn zu. Er stieß bei jedem Schritt die Füße hart auf den Felsen und hielt drohend seine geballten Fäuste an seiner Seite. Während er lief, flüsterte er verbissen zu sich selbst, Wörter, die Hara nicht verstand.

Hara blieb sitzen, ohne sich zu rühren. Aber er lächelte, um seinen Bruder Tumor willkommen zu heißen.

"Es scheint, daß du dich auch noch amüsierst!" knurrte Tumor mit verzerrter Stimme.

Hara erhob sich langsam und lehnte sich an den Felsen. "Ich verstehe nicht, was du meinst, Bruder Tumor," antwortete er.

Tumor drehte sich halb und beschrieb mit der Hand einen Bogen in der Luft. Die Finger der ausgestreckten Hand zitterten, während er zeigte.

"Ich habe es gesehen. Ich bin mir völlig klar darüber, was gerade passiert - selbst, wenn du es vielleicht nicht glaubst." Die Worte verebbten mit einem gurgelnden Geräusch.

Hara kannte den Zorn. Eben weil er Hara war und sich von den anderen unterschied, hatte er ihn verstanden - als er das erste Mal die Bekanntschaft von Tumor machte. Hara waren Zorn und Wahnsinn bekannt, obwohl sie nie ein Teil seiner Lebensweise gewesen waren.

Tumor war ganz außer sich. Er schlug sich selbst hart die Finger auf die Brust, während er rief: "Wir sind nicht wie die anderen, du und ich!"

Er reckte den Arm vor und stieß Hara vor die Brust. "Aber du gehst zu weit - und das toleriere ich nicht!"

Hara ignorierte den harten Stoß vor die Brust und betrachtete Tumor mit ausdruckslosen Augen. "Was meinst du, Bruder Tumor?"

"Vergiß das mit dem Bruder," zischte Tumor und kniff die Augen zusammen. "Und erspare mir deinen verständnislosen Blick, du bist dir ausgesprochen klar darüber, was ich meine."

Tumor kniete nieder und füllte die Hände mit Sand. Während er sich langsam erhob, schaute er auf den Sand, der ihm durch die Finger rieselte.

"Du bist die Wüste," flüsterte er. "Du bist eine Wüste, die außer Kontrolle geraten ist."

Er richtete sich auf, schleuderte den Sand weg und streckte eine geballte Faust drohend unter Haras Kinn. "Du bist verantwortlich für das, was man mir vorwirft!"

Haras Hand hatte sich um Tumors Handgelenk geschlossen, schneller, als er begreifen konnte, was geschah. Obwohl Tumor seine ganze Kraft dagegen stemmte, drückte Hara seine Faust von seinem Gesicht weg. Während das geschah, wirkte Hara vollkommen unberührt von der Anstrengung, die dahinter stecken mußte.

"Bruder Tumor - denn mein Bruder bist du im Guten, wie im Bösen - du verwüstest die Welt, ohne es zu sehen, du lauschst der Welt, ohne sie zu hören; du riechst die Welt, ohne sie zu riechen - du gibst der Welt die Stille, die die schönste von allem ist, die Stille der Wüste."

Hara verstärkte seinen Griff und zwang Tumor auf die Knie. Er ignorierte Tumors verwirrtes Jammern, denn es war ihm für ewig gleichgültig.

"Du bist der Bruder, den ich am wenigsten von allen respektiere, Bruder Tumor. Weil du die Schönheit der lebenden Dinge nicht siehst, und die Schönheit der toten Dinge nicht siehst - du siehst nur dich selbst. Und während du alles betrachtest und es für dich selbst genießt, verändert sich die Welt."

Hara ließ ihn los und ließ ihn in der Hocke an der Felswand sitzend zurück. Er schritt aus und stellte sich an die Kante des Absatzes, von wo er eine weite Aussicht über die gewaltigste Wüste der Welt hatte. Er hob den Blick und schaute in den Himmel, als ob er nach seiner Schwester, der Geistfrau des Mondes, sehen wollte.

Danach wandte er sich halb und sagte: "Ohne daß ich weiß, wofür oder warum, gewinne ich ununterbrochen an Stärke. Aber eines weiß ich, Bruder Tumor." Er drehte sich ganz um und warf ein breites, verschwiegenes Lächeln auf Tumor. "Es hat mit dem Geist der Menschen zu tun - er verwandelt die lebende Welt in eine Wüste. Und der Geist der Menschen, das bist du."

Tumor hatte sich erhoben. Er stand da, wie Menschen dastehen, wenn ihnen jemand droht, einer, der Schrecken in ihrer Seele erweckt. Sein Gesicht war zu einer Grimasse verzogen, die enthüllte, was seine innerste Seele nicht mit Worten ausdrücken konnte. Dann schüttelte er langsam den Kopf, den er hinter seinen Händen versteckt hatte, die verkrümmt waren, wie verkrüppelte Glieder.

Sie starrten über die Wüste, Haras ausdruckslose Augen.

Er war wieder allein. Er stand in dem kühlen Wind an der Kante des roten, porösen Felsens und dachte an seine Brüder und Schwestern, die Regenbogenkrieger.

An einer Stelle seiner Seele fühlte er, was er nicht fühlen sollte - aber er erkannte es. Er fühlte eine ganz schwache Zufriedenheit mit dem meisten, was Tumors Taten mit sich brachten. Er war sich klar, daß er Zufriedenheit fühlte, trotzallem, was die Balance der Welt vor langem aufgebaut hatte, einstmals vor langer Zeit, lange bevor irgendjemand gewußt hatte, daß Tumor kommen würde.

Noch einmal sah er die Schlucht, die ihn mehr und mehr von seinen Brüdern und Schwestern trennte. Er verstand ihr keimendes Mißtrauen, ohne daß es auch nur im Mindesten seine Zufriedenheit erschüttern konnte. Nichts würde ihn jemals dazu bringen können, zuzugeben, was er fühlte. Er wunderte sich, als er entdeckte, daß er nicht mehr fähig war, sich zu schämen.

Dann schob er den Gedanken von sich, so wie er gelernt hatte, alles von sich zu schieben, womit er sich nicht beschäftigen wollte.

Denn in seinem Innersten war er die Stille, die Ewigkeit, die Leere, die Wüste...

10. Kapitel

Tumor gefiel es, wie sie sich mit der Rolle abfanden, die er ihnen zugedacht hatte. Sie waren nur Beobachter.

Vielfältig waren die Bilder, die sich für immer in ihr Bewußtsein eingebrannt hatten. Wenn sie die Möglichkeit hatten, sich zu versammeln, ohne daß Tumor ihnen Gesellschaft leistete, suchten sie untereinander nach einer Erklärung, warum Dinge passierten, und eine Erklärung dafür, warum nichts die Entwicklung aufhalten konnte, die vorsichging.

Ein wesentliches Gefühl von ihnen allen, war die Verblüffung darüber, daß eine einzelne Art, die Menschen, solch eine gewaltige Entgleisung der Balance der Dinge verursachen konnte, in so relativ kurzer Zeit.

Sie erkannten überrascht, daß der einzige unter ihnen, der überall auf dem Erdball vertreten war, Tumor war. Sie erkannten auch im selben Moment, daß sie keine Ahnung hatten, wie sie das Rätsel um Tumors Vernichtung der Welt lösen sollten - ohne Tumors Mitwirkung.

Entmutigt sahen sie ein, daß er nicht den Eindruck machte, mitwirken zu wollen, denn er schaute sie an, ohne sie zu sehen, und lauschte ihnen, ohne sie zu hören.

Ein Ereignis hob sich besonders von den übrigen ab. Es hinterließ einen mächtigen Eindruck bei den Geisterkriegern, so wie auch bei den Menschen, die es miterlebten.

Sie hatten die schweren, giftigen Wolken über den Städten der Welt gesehen; die unfruchtbaren Ebenen am Rande von Haras wachsendem Reich; und sie hatten nach der Geistfrau der Tiere gesucht, nachdem sie die Leiden der Tiere überall auf der Welt miterlebt hatten, wo sie doch lebten, um den Menschen zu dienen. Aber immer noch hatten sie keine Spur von ihr.

Es hatte als ein schöner Tag über dem irdischen Reich begonnen. Die Sonne hatte von einem saphirblauen Himmel geschienen, über der halbmondförmigen Insel mit dem breiten, weißen Strand. Es war, wie das Bild eines abenteuerlichen Paradieses, die fruchtbare Insel in dem dampfenden Wärmedunst. Um die Insel herum streckte Ozean seine Schultern soweit das Auge sehen konnte - und noch weiter, hinter die Krümmung der Erde. Die Luft hallte wider vom Ruf der Möwen und dem Brechen der Wellen über dem Korallenriff weiter draußen.

Es war ein schönes Traumbild, und sie fanden es - mitten in der sterbenden Wirklichkeit. Abgesehen von den langen, schlanken Schiffen, die in einem Ring um die Insel verankert waren, war da nichts, was auch nur andeutete, daß Tumors Fuß jemals diesen kreideweißen Strand betreten hatte.

Sie kamen überein, die Anwesenheit der Schiffe zu ignorieren, bei dem Versuch, die Schönheit dieses Bildes festzuhalten.

Es begann mit einem Strahl.

Er wuchs am Rande der Atmosphäre der Erde, brannte sich mit so einer glühenden Kraft, wie die der Sonne, in den Himmel. Er vernichtete die Insel im Meer, zerstörte den weißen, unberührten Strand mit den sich wiegenden Palmen und löschte das Rufen der Möwen für alle Zeit aus ihrer Erinnerung. Die freigewordene Kraft war so gewaltig, wie die, die von einem sterbenden Stern ausgeht - einer Supernova.

Der Ozean verwandelte sich in einen kochenden Strudel, der die innersten, freigewordenen Gifte der physikalisch gebundenen Kräfte freigab - während die Wolken die Sonne versteckten und ihren schwarzen, undurchdringlichen Schatten über das Meer bis zum Horizont warfen. Für die Geisterkrieger, die sahen was geschah, waren es beide, die Wolken und Tumor, die ihre Schatten über den Ozean breiteten.

Der Schrei tönte nur langsam über das Meer. Es war nicht nur der Schrei der Möwen, sondern auch der Schreckensschrei der

Geisterkrieger, als Tumor diese gewaltigen Kräfte freiwerden ließ. Als sich der Schrecken gelegt hatte und sie sich noch einmal versammelten, faßten sie das erste Mal einen weitreichenden Beschluß. Sie hatten viel gesehen und erkannt, in diesem allesverzehrenden Strahl. Am deutlichsten von allem hatten sie Tumors Ende gesehen - und ihr eigenes.

Als eine Konsequenz dieses Erkennens trafen sie den Beschluß, der, wie sie sich nun einig waren, schon vor langer Zeit hätte getroffen werden müssen. Sie würden kämpfen. Sie hatten nicht gewußt, wie sie Tumor bekämpfen sollten, aber er hatte es sie gelehrt.

Der einzige, der der neugefaßten Absicht nicht zustimmte, war Hara. Er wirkte zunächst abwartend, als wüßte er etwas, daß sie nicht wußten - und als ob er nicht wünschte, sie einzuweihen. So ganz auf sich allein gestellt war er dann, daß sie ihn zufriedenließen.

Sie beobachteten Hara. Er hatte sich erhoben und verließ sie ohne ein Wort. Sie erkannten in ihm nicht mehr den Bruder. Daß er sie zu diesem Zeitpunkt verließ, zeigte ihnen, daß er nicht mehr länger wünschte, als ihr Bruder betrachtet zu werden.

"Wir haben lange genug gewartet," stellte Nebel fest.

Sie nickten zustimmend.

"Nun haben wir das kennengelernt, was wir wünschten, kennenzulernen," donnerte Ozean. "Laßt uns handeln."

Der Alte seufzte tief und nickte, danach erhob er sich. Er warf auf jeden einen Blick, bevor er sprach. Er hatte seinen Entschluß getroffen und strahlte jetzt die Handlungsfähigkeit und den Willen aus, den sie alle fühlten.

"Wir müssen Deer finden. Wir müssen und sollen sie finden." Er drehte sich halb und betrachtete den Erdball um sich herum. "Danach verlassen wir diese Welt mit den uns übriggebliebenen Kräften, die wir schaffen, uns zu erkämpfen. Und von diesem

Zeitpunkt an, können sie die Kräfte so verwalten, wie sie es wünschen, Tumor und Hara."

Sie murmelten zustimmend, denn er drückte aus, was sie fühlten. Ohne weitere Diskussion begann er loszugehen. Die Regenbogenkrieger erhoben sich und folgten ihm.

Die Wege der Geisterkrieger trennten sich.

Sie meinten jeder für sich eine Idee zu haben, wo sie nach Deer suchen sollten. So suchten sie in jedem ihrer Elemente und beachteten die Zeit nicht. Aber während sie suchten, setzte sich die Veränderung der Welt fort.

11. Kapitel

Dort, wo die nördlichsten Winde sich trafen, unter dem Farbenspiel des Nordlichts, suchte Ozean. Er reiste wie eine gewaltige Dünung über das Meer. Unterhalb der Stelle, wo die Wellen gegen die Eismassen der Gletscher donnerten, nahm er seine Geistergestalt an und wanderte an Land. Er wählte sich den höchstgelegensten Punkt auf einem Eisrücken aus und stellte sich dort auf, um über das Meer und über das Land zu schauen.

Es zog ein Sturm über dem Nordmeer auf. Schwere Wolken segelten vom Horizont herüber, in Richtung auf die Stelle, wo er saß.

Es schmolz, das Eis unter ihm - mit viel größerer Geschwindigkeit als jemals zuvor. Ohne sich seiner Sache sicher zu sein, meinte er zu wissen, daß es etwas mit der Luft zu tun hatte. Denn selbst wenn die Luft für die Wesen, die in diesem hintersten Winkel der Welt lebten, beißend kalt war, war sie wärmer, als sie sonst zu sein pflegte.

Ozean lauschte dem gewaltigen Dröhnen, jedes Mal, wenn ein Gletscher kalbte. Die herabstürzenden Eisbrocken brachten das ganze Meer in Bewegung, soweit das Auge reichte. Außer einer einzelnen Seemöve, die durch den Sturm wirbelte und dem Schnee hoch über seinem Kopf, war hier kein Zeichen von Leben.

Ozean kniff die Augen zusammen und hielt Ausschau. Einen Augenblick glaubte er, er hätte sie gefunden, aber kurz darauf sah er ein, daß sein eigener starker Wunsch zum Glauben geworden war. Es war nicht Deer.

Während er mit dem Flug des Vogels gegen den Sturm beschäftigt war, war ein Schiff durch den Schneesturm aufgetaucht. Ozean sammelte all seine Aufmerksamkeit, um herauszufinden, was dies bedeutete. Seine Augen entdeckten einen Mann in orangenem Ölzeug.

Er stand mit dem Rücken gegen die Ankerwinde gestemmt und mit den Händen gestützt auf die Walkanone im Bug des Fahrzeugs, während das Schiff durch die schäumende See stampfte. Auch er schaute intensiv nach der Möwe, die dabei war, vom Schneetreiben verschluckt zu werden. Auf einmal richtete der Mann den Blick in Richtung Land, und gerade da erkannte Ozean das Wesen wieder, das er so gut kannte und die Augen, die glühten machten ihm eine seltsame Angst. Es waren Tumors Augen.

Es war früher nie vorgekommen, daß der Geist des Meeres Zorn gefühlt hatte. Aber er hatte den Zorn kennengelernt. Er erhob sich mit einem Gebrüll und trat vor auf die Kante des Gletschers, von wo er sich in die Luft warf und das Meer ihn verschluckte.

12. Kapitel

Die langen, niedrigen Gebäude fügten sich mit solch einer Natürlichkeit in die bergige Landschaft, daß man sie leicht übersehen konnte, wenn man nicht ein geübter und aufmerksamer Beobachter war. Außerdem war ein großes Gebiet um sie herum abgetrennt von dem umliegenden Land, von einem hohen, stromführenden Zaun und gelben Warnschildern, die eventuellen Neugierigen sagten, daß jeder Zugang verboten war.

Der Tannenwald, der die Berge und Schluchten um dieses isolierte Gebiet bedeckte, schob sich hinauf zum undurchsichtigen Nebel des Morgendunstes. Selbst als die Sonne über die Berge stieg und die Schatten der Nacht über die Tannenwipfel drängte, blieb der kühle Schleier in den Schluchten und um die niedriggelegenen Gebäude bis weit in den Tag hinein.

Kein unnötiger Lärm entlarvte, was in den langen, grünangemalten Häusern vorging, weil sie derart eingerichtet waren, daß sie die Welt abschirmten vor den Schreien, die aus tausenden von Kehlen zu jeder Tageszeit in die Umgebung drangen, in der niemand darauf reagierte.

Sie starrten ungläubig die Gänge hinunter, die Geisteraugen.

Der Fußboden war dunkel und glänzte, und die Wände waren verkleidet mit weißen Fliesen bis unter die Decke. Runde, weiße Lampenkuppeln hielten die ganze Szenerie ständig in Licht gebadet, weil es in dieser abgeschirmten Welt keinen Unterschied zwischen Tag und Nacht gab.

Sie starrte auf den verchromten Draht vor den Käfigen, die mannshoch gestapelt bis zur hintersten Wand standen, in der gewaltigen Baracke. Langsam begann sie, an den Reihen von verschlossenen Türen entlangzuwandern, während sie versuchte, zu verstehen, was hier vorsichging.

In jedem Käfig befand sich ein Tier. Sie waren fast alle lebendig. Viele von ihnen hatten nicht mehr lange zu leben, aber alle hatten eines gemeinsam, daß das Leben, das sie lebten, nicht in der geringsten Weise wie das Leben war, das ihnen zugedacht war.

Menschen in weißen Kitteln rollten Tische auf Rädern an den Käfigen entlang. Sie blieben an jedem einzelnen stehen und injizierten eine Flüssigkeit durch die Gitter, in die Tiere, die darin wohnten. Die Hände waren nicht sanft in ihren Bewegungen, und die Augen, die die Tiere betrachteten, waren nicht mild und warm. Aber die Tiere bemerkten es kaum.

Lue blieb einen Augenblick stehen und schloß die Geisteraugen. Die Menschen in den weißen Kitteln konnten sie nicht sehen, denn kein irdischer Mensch war fähig, die Geistfrau des Feuers zu sehen. Von einer Stelle, entsprungen aus ihrer eigenen inneren Kraft, sprach sie mit dem Funken von Deer, der sich in jeder einzelnen dieser tausenden, verstümmelten Seelen befand. Ihr stöhnendes Klagen füllte ihr Herz mit Trauer. Sie waren nicht länger fähig, zu reagieren, wie Tiere reagieren, zu denken, wie Tiere denken oder zu fühlen, was Tiere fühlen. All ihre gesammelte Energie war auf das eine konzentriert: die Schmerzen auszuhalten, die die Menschen in den weißen Kitteln ihnen zufügten.

Ein heftiger Zorn entbrannte in Lues Seele. Sie öffnete die Geisteraugen und beobachtete die Szenerie wieder. Sie war nicht mehr alleine. Ihr Zorn hatte sie daran gehindert, es zu bemerken. Tumor stand da, mit einem starren Blick auf sie gerichtet.

"Was, mein Bruder Tumor, geht hier an dieser Stelle vor?" flüsterte Lue rauh.

Tumor betrachtete die verchromten Gitter der Käfige hinter ihr gerade so viel, wie er den Kopf danach drehte. "Forschung..." antwortete er langsam, fast zögernd.

So standen sie lange und maßen sich gegenseitig ab.

"Du kennst mich?" flüsterte Lue mit zitternder Stimme.

Tumor nickte und ballte die Fäuste.

"Das sollen sie sehen," stellte sie fest.

"Wer?" fragte Tumor nervös.

"Unsere Brüder und Schwestern," antwortete Lue barsch. "Sie sollen diesen Beweis des menschlichen Strebens und seiner Entwicklung sehen." Die Menschen in den Kitteln arbeiteten weiter, denn sie konnten sie nicht hören.

"Es ist nichts Schlechtes daran," antwortete Tumor. "Ich habe nichts zu verstecken!"

"Weißt du, was das entsetzlichste ist?" fragte Lue.

Tumor schüttelte den Kopf.

"Daß du nicht sehen kannst, wie schlecht es ist!" Sie zog sich rückwärts zurück. Er folgte ihr, fast auf dem Sprung, wie ein Jäger seiner Beute.

"Oh, du mein Bruder, der so viel zu lernen hat. Ich warne dich. Zeige, daß du mich kennst und hüte dich vor mir!"

Tumor grinste plötzlich. Er ging auf sie zu, ohne von ihrer Warnung Notiz zu nehmen. Gerade als sein Arm sich um sie schloß, trat sie aus ihrer Geistergestalt und verschwand in einem gewaltigen, flammenden Blitz.

Sie kämpften gegen das Feuer, die weißgekleideten Gestalten.

Sie riefen einander zu und beachteten die Tiere nicht, deren tausende von Seelen von ihren Leiden befreit wurden, als das Feuer sich in dem Gebäude ausbreitete. Es kam völlig überraschend, daß es sich mit solch einer Eile ausbreiten konnte. Es begnügte sich nicht damit, aus diesem einen Gebäude eine Ruine zu machen, sondern sprang von Haus zu Haus, bis alle Gebäude des Forschungszentrums als rauchende Aschenhaufen mitten im Dunst zwischen den Tannen lagen.

Die schmerzlichen Schreie und das klagende Jammern der tausenden, verarmten Seelen waren verstummt.

Lue, die Geistfrau des Feuers, die ihren verzehrenden Tanz über diesem Ort getanzt hatte, war verschwunden.

13. Kapitel

Erd nahm seine Geistergestalt an und machte sich frei von den Kontinenten, deren Kraft er war. Er überschritt die Grenzen seines Reiches und hielt inne. Er stemmte seine Arme in die Seite und schaute über das Land, das jetzt in eine Wüste verwandelt war. Die Grenzen zwischen seinem und Haras Reich änderten sich unaufhörlich.

Er grübelte lange, schweigend darüber nach, wie es möglich war, daß es die ganze Zeit nur Haras Reich war, das wuchs. Auch verlor Erd ganz langsam seine Stärke. Diese Erkenntnis weckte seinen Zorn. Auch er hatte ihn kennengelernt, diesen ihm eigenen schwerfälligen, langsamen Zorn.

Die Bewegung eines Tieres über das Gras erregte seine Aufmerksamkeit. Es war ein Hase. Er folgte ihm mit den Augen, während er an der Stelle vorbeisprang, an der er stand. Als er verschwunden war, wollte Erd sich umdrehen, um zu gehen. Der Hase war nicht Deer gewesen, wie er einen Augenblick gehofft hatte.

Plötzlich kam eine menschliche Gestalt durch das Gras gelaufen, auf der Spur des Hasen. Sie lief vornübergebeugt mit einem Gewehr in den Händen. Sie japste nach Luft, denn der Hase hatte sie ermüdet nach der langen Jagd.

Die Waffe war abgefeuert worden, Erd schmeckte den scharfen Geruch von Pulver auf der Zunge. Der Jäger starrte steif vor sich, aus dem Schatten des weichen Hutes, den er mit einem Riemen unter dem Kinn befestigt hatte, hervor. Blitzartig drehte der Jäger kurz den Kopf und starrte in die Wüste. Seine Augen waren mehr als nur schmale Schlitze in der brennenden Sonne - es waren Tumors Augen. Es fiel Erd plötzlich auf, daß der Jäger den Hasen gejagt hatte, wie Tumor Deer jagte.

In ihm erwachte es, das seltsame, neue Gefühl des Zorns. Aber diesmal war es viel stärker als vorher, als es gegen seinen Bruder, den Geist der Wüste, gerichtet war. Sein Zorn wuchs bis zur blinden Raserei; er führte die Hände wie einen Trichter vor den Mund, und schrie diese Raserei mit seiner Donnerstimme hinaus über die Erde, das brachte Schluchten in der Erdkruste zum Bersten und ließ Bäume umstürzen, als die Erdschichten unter ihnen in die gähnenden Abgründe verschwanden.

Er stand einen Augenblick still und prägte sich die Folgen dieses Anfalls von Zorn ein, den er durch Tumor kennengelernt hatte. Noch bevor die Staubwolken sich gelegt hatten, verließ er seine Geistergestalt und machte sich auf, zurück auf den Kontinent, wo er sich darauf vorbereitete, seine ganze Stärke und seinen Willen zu sammeln, und sich kampfbereit zu machen für den Augenblick, in dem sie Deer aufgespürt hatten.

14. Kapitel

Hara saß auf dem Felsplateau, auf dem er so oft zu finden war, wenn er seine Geistergestalt angenommen hatte, um die Welt von seinem Standpunkt hoch über der Sandebene zu betrachten. Der Himmel war schwarz und übersät mit leuchtenden Sternen. Doch an einer Stelle im Osten, versteckt hinter der Erdkrümmung, warf das erste Sonnenlicht seine dünnen Strahlen über die verwischte Linie des Horizonts.

Hara hatte die Geduld der ganzen Welt hinter seiner versteinerten Fassade versteckt. Die Veränderungen hatten keine Eile, solange sie in dieser Richtung verliefen. Er hatte die ganze Nacht den Mondschein genossen. Es stimulierte ihn zu wissen, daß die Erde größer war, als der Mond.

Etwas erregte seine Aufmerksamkeit.

Ein kleiner, schwarzer Punkt weit draußen in der Wüste, auf derselben Höhe mit seinem Ruheplatz auf dem Felsen. Der Punkt bewegte sich zuerst quer zu der Richtung der Stelle wo er saß, aber kurz danach änderte sie sich und er kam auf ihn zu. Dadurch, daß der Punkt größer wurde, kam er zu diesem Schluß. Bald konnte er die Flügel eines Vogels erkennen, die aus dem Punkt wuchsen - und der Vogel wurde zu einem Adler.

Ohne sich zu erheben, folgte er dem Adler mit den Augen, bis dieser auf dem Plateau am Felsrand landete. In der Dämmerung vor dem Sonnenaufgang, war seine Farbe fast schwarz, gesprenkelt mit dunklen, braunen und grauen Flecken. Seine Klauen drückten Spuren in den weichen Sandstein, wenn er sich bewegte. Er war groß, so hoch wie der sitzende Hara. Der Kopf, mit den nach hinten ausgerichteten Federn und dem kräftigen, krummen Schnabel wandte ihm die Seite zu.

Hara versteifte sich. Die Augen, die ihn unruhig anstarrten, ließen ihn nicht länger im Zweifel - denn es war nicht das Auge eines Adlers das den Flug dieses Vogels steuerte, es waren die der Geistfrau der Tiere.

Hara saß unbeweglich auf dem Felsen, während er mit seiner üblichen Gelassenheit die Situation durchdachte. Während er wartete, befreite sich Deer von ihrer Adlergestalt. Der Vogel warf weiter wachsame Blicke über den Rand des Abgrundes, über das Meer der Lüfte - und das Meer aus Sand tief unter ihm.

Sie sprach das erste Mal seit langer Zeit, denn es war das erste Mal seit langer Zeit, daß sie sich zu erkennen gab. Ihre Stimme war bloß ein Flüstern, so zart, wie der leiseste Windhauch über den Dünen in der Morgensonne.

"Hilf mir ..."

Hara betrachtete sie schweigend. Dann zuckte er mit den Schultern, wie Tumor es zu tun pflegte, ohne die hinterm Nacken gefalteten Hände, zu bewegen. "Ich kann dir nicht helfen - nichts kann dir nun mehr helfen."

An einer Stelle, tief unten in seiner innersten Seele, erwachte etwas zum Leben. Fast so etwas wie Zärtlichkeit, die er einmal fähig war zu fühlen. Aber das war lange her, lange bevor er Tumor das erste Mal getroffen hatte. Irritiert schob er diesen Überrest einer verschwundenen Zeit aus seinen Gedanken, und ließ den tauben Gedanken die Übermacht.

"Siehst du nicht, was geschieht?" flüsterte Deer. Sie hatte eine Veränderung durchgemacht, in dem Zeitraum, in dem sie sich versteckt gehalten hatte. Die anmutige und warme Freude, die gerade sie gekennzeichnet hatte, war verschwunden.

"Ja, ich sehe es," antwortete Hara rauh.

Sie starrten ihn hilflos an, Deers furchtsame Augen.

"Es ist zu spät," bedauerte Hara. Sein Mund kräuselte sich zu einem leichten ironischen Grinsen. "Und ich habe ja Tumor für so viel zu danken."

Deer kam vorsichtig näher, dann kniete sie nieder, ohne wegzu-
sehen. "Du wirst einsam," flüsterte sie nach einer kleinen Pause.
"Genau so einsam, wie Tumor."

Hara warf ihr sein leeres Lächeln zu. "Ich bin einsam," antwortete er trocken, "so wie dieser Erdball es sein wird, wenn ihr ihn
alle verlassen habt."

Sie hatte nichts mehr gesagt.

Sie war an den Felsrand gegangen, wo sie mit dem Adler
zusammengeschmolzen war, in dem sie sich versteckt hatte.

Hara hatte dagesessen und es beobachtet, während dessen
breite Flügel die aufströmenden Winde fingen. Der Adler hatte
sich über den Abgrund geworfen und war nach Osten fort-
gesegelt, gerade, als die glühende Krümmung der Sonne sich
über den Horizont hob und ihn zu verschlucken schien.

15. Kapitel

Nach einer Weile, nachdem er genügend Stimulans aus seiner eigenen Gesellschaft gewonnen hatte, begann Tumor nach seinen Brüdern und Schwestern zu suchen.

Aber er fandt sie nicht. Je mehr er suchte, ohne sie zu finden, je stärker wurde sein Wunsch, die Gemeinschaft mit ihnen wiederzufinden, und seine wachsende Einsamkeit loszuwerden.

Allmählich überkam ihn die grausame Gewißheit, daß sie ihn verlassen haben mußten. Sie nahmen nicht mehr ihre Geistergestalten an, um sich ihm zu zeigen.

Das erweckte ernsthaften Zorn und Trotz in ihm. Er suchte überall, während die Wut seine Seele und seine Ausstrahlung verdunkelte. Der Gedanke bekam mehr und mehr Einfluß, daß ihr Verschwinden in Zusammenhang mit Deers Verschwinden stand - und das sie handelten, wie sie taten, um ihm, Tumor, gewaltsam Schaden zuzufügen.

Er bildete sich sogar ein, er könne sie in allem lachen hören, nachdem er lauschte. Er meinte Nebel im Wind, der durch die Baumkronen fuhr, lachen zu hören, und das donnernde Lachen Ozeans im Brechen der Wellen an den Küsten der Kontinente.

Haras Stille, die tot und düster über der Wüste weilte, weckte einen besonderen Zorn in ihm, weil sie mit aller Deutlichkeit Haras Verachtung für den Geist der Menschen veranschaulichte. Aber Tumor hatte für immer die Erfahrung gemacht, daß er den Geist der Wüste meiden würde.

Tumor hatte noch einmal über alles nachgedacht, während er gesucht hatte. Er war zu dem Resultat gekommen, daß wenn es ihm glückte, zu Deer zu finden, würde er auch die anderen finden. Und dann, als er ergründete, wie er die Sache angreifen sollte, traf ihn der Gedanke, daß er es die ganze Zeit gewußt haben mußte.

16. Kapitel

Eine Welt der Schatten, manche von ihnen lebendig...

Eine Welt der Geräusche, die die lebendige und gefährliche Existenz entlarvte.

Die Vögel verließen zu hunderten die dichte Krone des Okawibaumes, und verschwanden schnatternd über dem Dschungel an einen anderen sichereren Zufluchtsort.

Ein Hirsch erstarrte mitten in einer anmutigen Bewegung und schnupperte in der Luft. Unter den tausenden Düften, die wie Sinnesströme um ihn herumwirbelten, spürte er den einen, der den Jäger entlarvte. Die Ohren drehten sich in alle Richtungen, ohne daß er den Kopf zu drehen brauchte. Die tiefbraunen, melancholischen Augen spähten weiter durch das Dickicht. Es waren Deers Geisteraugen, die die Welt in der Gestalt eines Hirsches betrachteten, und die alle Furcht und Einsamkeit ausstrahlten, die sich in der Seele der Geistfrau der Tiere befand.

Eine Hand drückte die Blätter und eine herunterhängende Liane zur Seite. Für den Jäger geschah das lautlos, für die Welt um ihn herum lärmend. Er schlich hervor, mit dem Rücken gegen einen Baum gestemmt und den Händen um den Schaft eines schweren Gewehrs geklammert. Es verbreitete einen schwachen Duft von Öl um ihn herum.

Die Augen spähten durch eine Lücke unter dem breitkrempigen, tarnfarbigen Hut. Es waren Tumors Geisteraugen, die den Dschungel rundherum absuchten, in seiner Menschengestalt.

Die feuchte Erde an seinen Knien und Handflächen, und die Schweißflecken an seiner Jacke, am Kragen und unter den Ärmeln, vergrößerten sich mit dem Starrsinn seiner Anstrengung. Er schob die Unterlippe vor und pustete vorsichtig einen Schweißtropfen von seiner Nase, ohne den Blick von dem Unterholz vor sich zu wenden. Darauf krümmte er sich zusammen, in einem Versuch, sich unsichtbar zu machen, und schlich sich weiter zu dem nächsten, knorrigen Stamm. Es wisperte zwischen den Zweigen und Blättern bei jeder einzelnen Bewegung, die er machte.

Ein Tokapapagei rief den Tieren des Dschungels seine schnarrende Warnung zu. Das Unterholz wurde lebendig, weiter weg außerhalb des Blickfelds des Jägers.

Wenn er näher kam, war alles still. Seine vollen Lippen bewegten sich langsam, während er leise fluchte. Er lehnte sich schwer gegen den harten, glatten Stamm eines Cyrusbaumes, und überlegte, was er als nächstes tun sollte.

Dann setzte er verbissen seinen Weg durch das grüne, üppige Gesträuch fort und war nicht mehr zu sehen.

Der Hirsch stand unbeweglich am Ufer eines Wasserlaufs.

Weiter südlich würde er zu einem reißenden Fluß anwachsen.

Die Sonnenstrahlen machten aus den Tautropfen glitzernde Diamanten auf den Blättern der Gummibäume. Er war stehengeblieben, um zu lauschen. Seine schwarze, feuchte Schnauze witterte wieder in der schwülen Brise, die Gerüche vom Land weiter aufwärts des Flußes mit sich brachte. In den Schatten unter den Baumkronen, die sich über das Wasser ausbreiteten, schwebten Dampf und Dunst des mit Feuchtigkeit gesättigten Dschungels vorbei.

Vor seinen Augen machte der Wasserlauf einen Knick in die andere Richtung, nach Westen. Hier wurde er breiter und mitten in der Flußenge hatten die Stromwirbel eine Sandbank geschaffen. Die Hirschaugen waren wachsam wegen der Krokodile, die dort draußen einen kühlen Platz in der Sonne gefunden hatten.

Sie lagen da, mit offenen Rachen, während kleine Vögel in allen Farben des Regenbogens Schmarotzer aufpickten, zwischen den gewaltigen Kiefern.

Dann drängte der Jäger durch das Unterholz. Als er das Gewehr vor das Kinn riß, setzte der Hirsch zum Sprung an. Er verschwand in der schäumenden Gischt des brausenden Flußes, wo er sich von der Strömung nach Süden treiben ließ. Der Jäger blieb stehen, versteift in derselben Stellung mit den gekrümmten Fingern am Abzug.

Tumors Augen spähten wie zwei zusammengekniffene Schlitze nach dem Hirsch, der, wie er wußte, Deer war, während er mit dem Gewehr den Fluß absuchte.

Da sah er plötzlich den Kopf des Hirsches mit den weichen Ohren und folgte ihm, während der kämpfte, um an der Wasseroberfläche zu bleiben.

Die Krokodile krochen vor an die Wasserkante der Sandbank, während die farbenfrohen Vögel aufflogen und Zuflucht in den Baumkronen suchten.

Der Jäger sah den Hirsch an den bissigen Echsen vorbeischwimmen, ohne dass diese Anstalten machten, ihn zu verfolgen. Mit einem Ausbruch von Zorn lief er am Ufer entlang, um ihn nicht aus den Augen zu verlieren.

Aber als die Krokodile ihn zu sich vordrängen sahen, glitten sie wie Stämme in den Fluß, und näherten sich ihm unter der Wasseroberfläche, unsichtbar für seinen Blick. Der Jäger setzte seinen Lauf fort, während er laut schrie, um sie zu verscheuchen.

Plötzlich kam er nicht weiter. Ein knorriger Stamm lehnte sich schwer über das Wasser und vom Dschungel aus, am Fluß entlang, breitete ein wilder, dorniger Busch seine krummen Äste über ihm aus. Während er dies sprachlos beobachtete, wuchs der Busch mit den Dornen hinaus über den Wasserspiegel, wodurch der Absatz, auf dem er einen Augenblick vorher noch gelaufen war, schmaler wurde. Er drehte sich nervös um, nur um zu entdecken, daß er eingesperrt worden war. Er warf rasche Blicke, abwechselnd zu den Krokodilen, die sich näherten und zum

Hirsch, den die Strömung mit sich nahm, während das Ufer schrumpfte.

Der Jäger wandte sich zum Strom und feuerte das Gewehr ab, gegen die Krokodilschatten unter der Oberfläche, bis das Magazin leer war. Mit einem Fluch warf er das Gewehr von sich und zog seine Machete. Aber als er sich zu den Dornen drehte, rutschte er auf dem schmalen Absatz aus und verlor die Balance. Gerade als die Gestalt des Jägers mit einem Schrei hintenüberstürzte, und die Hände vergeblich versuchten, sich an den daumenlangen Dornen festzuhalten, verließ Tumor seine Menschengestalt und nahm seine Geistergestalt an.

Mit Entsetzen in den Geisteraugen wohnte er dem Tod des Jägers unten am Ufer mit dem Dornengebüsch bei. Es erfüllte seine Seele mit Abscheu, weil es seiner Ansicht nach die Grausamkeit repräsentierte, die in der Welt herrschte, die er nie gelernt hatte zu verstehen.

Die darauffolgende Reaktion war dann auch, wie es vorher schon so oft gewesen war. Er richtete seinen Zorn gegen seine Brüder und Schwestern, wie er es immer zu tun pflegte. Dies bewirkte, daß er, wenn überhaupt möglich, noch starrsinniger und noch mehr darauf versessen wurde, seinen Willen durchzusetzen und Deer zu finden. Für ihn bedeutete es nicht so viel, ob sie lebte, für ihn war das Durchsetzungsvermögen seines Willens das Wesentliche.

17. Kapitel

Es war kein schönes Schiff, so wie Menschen schöne Schiffe bauen können. Es hatte nicht einmal eine nennenswerte Größe, gemessen an menschlichen Maßstäben. Aber es war ein Schiff, das Sheer jagte - die Walkuh, das Symbol der Fruchtbarkeit des Meeres und des Lebens. Und in Sheer hatte sie sich versteckt, die Geistfrau der Tiere.

Man konnte es weit hören, das Schiff, das sich wie ein rostiges, verschrammtes Messer durch die sonnenbeschienene Fläche des Ozeans pflügte. Und man konnte ihn weit sehen, den Rauch, der wie eine giftig schwarze Fahne seine Spur über den blauen Himmel zog, aus dem zerbeulten Schornstein hinaus.

Sie waren kaum hörbar durch das Möwengeschrei, die schwachen, künstlichen Geräusche, die auf den Instrumenten angaben, welche Peilungen das Leben im Meer vor dem Bug des Schiffes hatte. Vom Radarschirm auf der Brücke kamen Meldungen zu dem gedrungenen Mann mit Bartstoppeln, der sie blinzelnd in der lederartigen Haut betrachtete.

Er stand vor den anderen, über den Radarschirm und die Tastatur gelehnt und stützte sich mit der schwieligen Faust auf die Tischplatte. Aus dem Schatten unter der schmierigen Schirmmütze sahen sie mit einem harten Blitzen hervor, Tumors Augen. Es rasselte und klirrte schwach, wegen der Gläser und Flaschen auf dem Regal, unter der vibrierenden Anstrengung der Maschine.

Sie hatten mehrere Walherden diesen Morgen gesehen, mehr als jemals zuvor. Aber er hatte sie ignoriert. Die schwache Andeutung eines Lächelns in seinen Augenwinkeln enttarnte, daß er dabei war, sich seinem Ziel zu nähern. Hier in dieser Herde unterschied sich ein Wal von den übrigen. Während die Leute ihm mit erwartungsvollen Mienen über die Schulter sahen, gab er die Anordnung den Kurs zu ändern.

Die Rauchfahne hatte einen krummen Schleier am Himmel gebildet, als das Schiff sich wieder aufrichtete. Die Walherde war außerhalb des Blickfelds des Radarschirms geschwommen, sie weckte nicht länger sein Interesse.

Sie bestückten die Kanone mit dem explosiven Geschoß auf der kleinen, herausragenden Plattform vorne am Bug - und warteten.

Sie tauchte. Erhob ihre mächtige Wal Fluke gen Himmel und verschwand mit einem dröhnenden Sog unter der Wasseroberfläche. Weiter weg am Horizont zeichnete eine schwarze Rauchfahne ihre Warnung an den Himmel. Der hämmernde, metallische Lärm nahm zu, während sie in die Tiefe und Dunkelheit tauchte.

Es waren gewaltige Strecken, die sie zurücklegen konnte, ohne Luft holen zu müßen. Sie tauchte dieses Mal tiefer, tiefer als vorher. Es hatte sie erschreckt, das künstliche, metallische Herz im Bauch des Schiffes. Sie gelangte auf den Meeresgrund, der der Fuß des weitentfernten Kontinents war.

Auf ihm strebte sie weiter hinaus, in größere Tiefen.

Zuletzt mußte sie wieder auftauchen, getrieben von dem Druck auf ihren Lungen.

Sie gab sich nicht die Zeit zu fressen, den sie hatte keine Zeit zu verlieren. Mit einer Kaskade von Wasser und Blasen brach sie an die Oberfläche.

Mit ihrem Blasen hörte man den Schrei, der schon so lange auf der Welt zu hören war. Sie füllte ihre Lungen mit Luft in einem einzigen Sprung, während die kleinen Augen dieses enormen Körpers furchtsam nach dem Ursprung des klopfenden Lärms spähten, der das Meer erfüllte. Dann traf sie mit einem Krachen auf die Wasserfläche und sank wie ein schwerer Zylinder hinunter in die Wassermassen, während das Stahlherz hinter ihr vorbeihämmerte, gerade noch außer Schussweite.

Sie konnte das Lachen des wettergebräunten Mannes, der an der Reling stand und auf die Wellen hinunterschaute, nicht hören. Sie formten die Hände wie einen Trichter vor den Mund und riefen einander zu, in dem Versuch, den Lärm der Maschine und der Bugwelle zu übertönen, der fast die Lautstärke von Kanonenschüssen erreichte.

Einer von ihnen zeigte auf die Wolken, die schwarz und drohend über den Himmel auf sie zu jagten. Dann verließen sie widerwillig das Deck, um sich ihre orangefarbene Ölkleidung anzuziehen.

Das Meer hatte sich aufgebäumt. So weit sie blicken konnten, war es bedeckt mit Wellen, die ständig höher wurden.

Sie tauchte wie vorher. Wie ein Riese, der unter Wasser auf den Grund sank.

Jetzt war der Abstand größer als vorher. Sie zwang sich selbst zum Äußersten, um die Wasseroberfläche und den Tod zu umgehen. Dann wurde sie plötzlich auf eine Veränderung aufmerksam.

In der Walkuh lauschte Deer der Stimme ihres Bruders Ozean.

Sie vergaß die Schmerzen in ihrer Lunge und den Druck der allzu großen Tiefe, vor Erleichterung darüber, daß sie nicht mehr allein war. Er sprach ihr den Mut zu, aufzutauchen, statt in der Tiefe zu bleiben und sich zu quälen.

Sie war einer Schulter zum Verwechseln ähnlich, die breite Dünung, die über das Meer auf das Schiff zu donnerte.

Die Männer riefen sich schrill Warnungen zu, Rufe, die der Sturm von ihren Lippen riß, bevor jemand sie hören konnte. Er versuchte den Kurs zu ändern, der Mann mit Tumors Augen.

Das Schiff krängte auf die Seite, sodaß der Kiel sichtbar wurde und die Schraube sich, halb aus den schäumenden Wellen herausragend, drehte. Das Wasser strömte über das Deck, wo die Männer in dem Ölzeug sich festklammerten, so gut sie konnten.

Es war Ozeans Schulter.

Er rammte das Schiff mit dem Stahlherzen mit zerschmetternder Kraft und riß es mit sich über das Meer. Von der Brücke rief Tumor, aber keiner konnte ihn hören. Er riß wie ein Wahnsinniger am Ruder, bloß um zu festzustellen, daß es nicht mehr reagierte.

Als das Fahrzeug sich mit seinem Steven tief durch die Wellen grub und das Wasser durch den Schornstein in die Kessel strömte, verließ Tumor seine Menschengestalt und nahm seine Geistergestalt an, um zu entkommen.

Das letzte was er sah, war ein Adler, der sich wie aus dem Nichts aus dem Meer emporschwang, dicht bei Sheer der Walkuh, und durch den Sturm am Himmel fortflog, der im Osten aufklarte.

18. Kapitel

Die breiten, graugemusterten Reifen wirbelten eine Wolke von Staub hinter dem Wagen auf, während er sich träge durch den letzten Gürtel der Vegetation mit vereinzelten, vom Wind gebeugten Büschen arbeitete.

Es war eine Ewigkeit her, daß er die Berge überquert hatte und an den letzten verkrüppelten Bäumen vorbeigefahren war. Die harte Kruste der erodierten, sonnenverbrannten Erde war später eine gewaltige Belastung für den Wagen gewesen, und er hatte unzählige krachende Geräusche von sich gegeben.

Er war allein zurückgeblieben. Die anderen hatten aufgegeben.

Als er sie verlassen hatte, hatten sie ihm seinen Starrsinn vorgeworfen und behauptet, daß er in seinen Augen einen Ausdruck von Wahnsinn hätte, in seinen Augen, Tumors Augen. Er hatte aufgegeben, ihnen die Zusammenhänge zu erklären und hatte sie zurückgelassen.

Er hatte seinen schmutzigen Schal um das Gesicht gewickelt, um den Staub von seinem Mund und Hals fernzuhalten. Die Sonnenbrille, die er trug war fettig und staubig, wie alles andere, was er bei sich hatte.

Er hielt krampfhaft das Lenkrad fest, um das Fahrzeug daran zu hindern, ins Schleudern zu kommen. Das Gewehr mit den letzten beiden scharfen Patronen lag quer auf seinen Schenkeln und stieß jedes Mal, wenn das Auto schaukelte, gegen die Innenseite der Wagentür. Aber er bemerkte es nicht. Er war so müde, daß er die einzelnen Geräusche nicht mehr voneinander unterscheiden konnte. Nur sein Willen brachte ihn dazu, weiterzumachen.

Plötzlich trat er auf die Bremse, sodaß der Wagen halb zur Seite rutschte und anhielt. Er stieg schwerfällig vom Vordersitz und stützte sich auf den Kotflügel. Während er den breitkrempigen

Hut auf seinem Schenkel ausklopfte, spähte er mit neuer Hoffnung in den Himmel.

Der Sand rieselte aus seinem Ärmelloch, als er die Sonnenbrille abnahm und in das scharfe Sonnenlicht blinzelte. Sein Blick folgte einem Adler, der in den aufsteigenden Winden schwebte, hoch über ihm, außerhalb seiner Reichweite.

Er lehnte sich über den Vordersitz, griff die Feldflasche und riß den Pfropfen heraus. Während er sie bis auf den letzten, lauwarmen, chemisch gereinigten Tropfen Wasser leerte, behielt er den Adler in seinen starren Augen. Er schüttelte die Flasche und schleuderte sie weg, worauf er sich dann mechanisch nach dem Gewehr reckte und es vors Kinn hob.

Der Schuß rollte wie ein Donnern über die rissige Erde und weiter in die Wüste. Der Jäger betrachtete die fernen Umrisse des Adlers mit zusammengekniffenen Augen. Es war zugleich etwas Verwirrtes und entschlossenes in seinem Auftreten. In den Augen war ein gnadenloses, stetiges Glühen, denn es waren Tumors Augen.

Er seufzte und warf das Gewehr auf den Vordersitz, dann nahm er seinen Platz hinter dem Lenkrad wieder ein. Darauf setzte er den Wagen wieder in Gang und ließ ihn durch die ersten, weichen Dünen in der erstickenden, heißen Wüste fahren.

Wind hatte gehandelt.

Er war über Haras Reich gefegt und hatte einen Sturm von unfassbarer Stärke über den Dünen verursacht. Der Adler hatte es rechtzeitig bemerkt und hatte sich über die Sandwolken gerettet, gerade bevor der Sturm sich näherte.

Der Jäger konnte ihn nicht umgehen, denn er traf ihn, wie von überirdischen Gedanken gesteuert, angefeuert von einem Zorn, der raste, um ihn zu vernichten.

Er hatte sich gefühlt, als richte die Sonne ihre Hitze gegen ihn, viel mehr, als auf die Umgebung um ihn herum. Aber der Sturm hatte die Sonne beschattet. Und er hatte sich vor dem fegenden, peitschenden Sand mit den Mitteln, die er besaß, geschützt.

Die Knie zogen zwei tiefe Furchen hinter ihm durch den Sand, während er auf allen vieren vorankroch. Sandkörner schnitten durch sein Gesicht, wie mikroskopische Projektile, und zerkratzten seine Haut, wo die Kleidung oder der breite, großkarierte Schal sie nicht bedeckten. Die Hände, die sich um das Gewehr klammerten, das er hinter sich her schleifte, waren verletzt wie die Klauen eines Raubtiers.

Der Sturm übertönte seinen halberstickten, japsenden Atem. Er tastete sich vor, wie ein Blinder, während er seiner inneren Stimme lauschte, die dabeiblieb, ihn voranzutreiben. Zuletzt hielt er an, lehnte sich hintenüber, öffnete die Augen zu zwei schmalen Schlitzen hinter der zerkratzten Brille und starrte in den Himmel.

Aber er sah keinen Himmel, er sah nur Sandwolken, die um ihn herum über die Wüste wirbelten, als wollten sie ihn begraben und vernichten. Es war Tumor, der seinen eigenen Tod im Wind betrachtete.

Gerade als sein letzter starker Wille am Schwinden war, hatte es aufgehört. Der Sturm hatte sich gelegt. Winds Faust hatte sich in die Welt der Geister zurückgezogen, die Wüste verändert hinterlassen.

Zuerst herrschte nur Stille. Von einem Ort zwischen der Welt der Menschen und dem Reich der Geister betrachtete Wind die unfruchtbare, trockene Sandebene.

Eine Gestalt erhob sich langsam, der Sand rieselte aus ihrer Kleidung. Er wickelte den Schal von seinem Kopf ab, schüttelte eine Wolke von Sand aus dem Haar und hob den Blick zum Himmel.

Als er weit oben im blauen Himmel den Adler sah, begann er mechanisch zu gehen. Den ganzen langen Weg über die Sandberge konnte man den Spuren seiner schleppenden Stiefel folgen.

Er folgte dem Adler, wie eine Seele, die einem wahnsinnigen Traum folgt, seinem eigenen Untergang entgegen. Es waren immer noch Tumors Augen, die wachsam auf den Geist der Tiere am Himmel schauten.

Sie hatte ihn nie ernsthaft verlassen. Wenn er dann und wann glaubte, er hätte sie aus dem Blickfeld verloren, tauchte sie plötzlich vor seinen Augen auf, hoch oben zwischen den Wolken und der Sonne - und nachts, wie der Schatten aus einer Welt, jenseits, der Wolken und des Mondes.

Ständig folgte er ihr, ohne sich noch daran erinnern zu können, warum.

Da war es, daß sie sich einfanden, alle, die sich Regenbogenkrieger nannten. Viel in ihnen hatte sich verändert, nun, wo sie gelernt hatten, die Welt durch Augen zu betrachten, die wie Tumors vor Zorn funkeln konnten. Gleichzeitig mit dem Erkennen der Notwendigkeit, sich gegen den Geist der Menschen verteidigen zu können, lernten sie das Leiden kennen. Sie hatten viel vom Geist der Menschen gelernt, viel, daß sich nie verändern ließe.

Er war ihr den ganzen langen Weg durch alle abgelegenen Winkel der Welt gefolgt. Sie hatte auf ihn gewartet, als er dabei war, aufzugeben, aber sie hatte ihm nie erlaubt, auch nur in ihre Nähe zu kommen - weil sie ihn so sehr fürchtete, wie Menschen den Tod fürchten.

Sie hatte ihn gezwungen, zu sehen, wie die Menschen das Lebende behandelten, als ob es nicht genauso lebte - sondern...

Sie hatte sich darüber gewundert, daß dieser Mensch sich trotz all dieser Bedrängnisse am Leben halten konnte, aber sie hatte schon vor langer Zeit eingesehen, daß er weit über die Grenzen der Vorstellungskraft hinausreichte, der starrsinnige, beherrschende Wille, der Tumors Seele entsprang und in den Menschen lebte.

19. Kapitel

Der Adler betrachtete ihn, während er sich unter Aufbietung seiner letzten Kräfte an der Felswand hochzog. Er rückte unruhig an den Rand des Felsens, von wo aus man eine weite Aussicht über die Wüste und das Nichts an der äußersten Grenze der physischen Welt hatte.

Der Adler betrachtete ihn, als würde er den letzten lebenden Menschen der Welt betrachten. Es war deutlich, daß er bald sterben würde. Für sie hatte es keine Bedeutung. Sie war Deer, die Geistfrau der Tiere. Für sie war der Tod ein Teil des Lebens selbst. So verhielt es sich aber nicht für die Menschen, das wußte sie. Aber sie wunderte sich darüber, daß Tumor in dieser Gestalt eines Menschen sterben wollte. Es fiel ihr nicht auf, daß er dem nicht einmal einen Gedanken schenkte, daß er seine Geistergestalt annehmen könnte und lebt. Er hatte längst die Grenzen zu dem überschritten, was er fähig war zu überschauen, und war ein Sklave seines eigenen mangelnden Weitblicks und seiner fehlenden Vernunft geworden. Er konnte den Unterschied zwischen der inneren und der äußeren Welt nicht mehr erkennen.

Als er sich dem Absatz des Sandsteinfelsens genähert hatte, ließ er sich vornüberfallen, und lag schwer atmend vor Anstrengung still da. Etwas später versuchte er sich mit den Ellbogen aufzurichten. Als seine Augen den Adler sahen, der im Schatten unter einem Felsvorsprung saß und über jede einzelne seiner Bewegungen wachte, streckte er sich nach dem Gewehr. Dabei stieß er es über den Abgrund, sodaß es ihm hinunterfiel und verschwand.

Er behielt den Vogel fest im Auge. Er wußte, daß er ihn nie erreichen konnte, denn er hatte nicht mehr die Kraft sich dorthin zu schleppen. In dessen Augen sah er einen Lebensfunken von Deers Seele, weil er Tumor war und über die Grenzen der astralen Welt hinausschauen konnte. Dann ließen seine Kräfte nach und er sank mit dem Gesicht auf dem Felsen liegend zusammen.

Tumor erwachte.

Er war nicht mehr in seiner menschlichen Gestalt. Seine Geisteraugen beobachteten sie, wie sie in einem Kreis unter dem Felsvorsprung saßen, mitten im Mondlicht. Sie waren alle da; Erd, Gross, Ozean, Foss, Wind, Nebel, Dark...

Die Geistfrau der Tiere war in ihre Geistergestalt gekleidet und hatte ihren Platz im Kreis eingenommen. Aber der Adler wartete unten am Felsen, wie ein fremdes Element einer äußeren Welt.

Tumor erhob sich, trat abwartend einen Schritt nach vorn und blieb wieder stehen. Sie hießen ihn nicht willkommen, sprachen nicht zu ihm oder bedachten ihn auch nur mit der geringsten Aufmerksamkeit. Wenn sie ihn ansahen, war es mit Augen, die nichts von dem offenbarten, wie sie gestimmt waren.

Tumor beschloß deshalb, sich dort hinzusetzen, wo er stand, ein Stück außerhalb des Kreises.

Er konnte es nicht lassen, Deer anzustarren. Aber es war nicht mehr derselbe Wahnsinn und dasselbe Begehren in seinen Augen wie vorher.

Nebel war der erste, der sich zu ihm wandte. "Bruder Tumor," leitete er ein. Tumor nickte zahm, den in seinem Innersten wünschte er, ihr Bruder zu sein.

"Wir sind dem Ende einer sehr langen Reise nahegekommen." Nebel ließ den Blick im Kreis wandern, um von den anderen Unterstützung zu bekommen. Sie nickten alle.

"Du hast die Balance der Dinge verändert, Bruder Tumor. Du hast uns gelehrt zu kämpfen, so wie Krieger kämpfen, nach menschlichem Verständnis." Er hob eine verschleierte Hand in das Mondlicht.

"Wenn wir von dieser neuen Erkenntnis Gebrauch machten, würden wir die Erde vernichten. Und wir würden für alle Zeiten aufhören, uns gegenseitig als Brüder und Schwestern zu betrachten."

Tumor beobachtete sie, ohne eine Miene zu verziehen.

"Wir sind an dem Punkt angekommen, wo der Geist der Menschen eine Wahl treffen muß."

Da Tumor nicht reagierte, setzte er fort: "Wir haben gewaltige Kräfte, die wir, während unseres Zusammenseins mit dir, gelernt haben, in einer neuen und dunklen Dimension anzuwenden."

Wegen Tumors fragendem Gesichtsausdruck erklärte er: "Zorn ist eine dunkle Dimension, und er ist neu für alle in diesem Kreis. Es ist hinzuzufügen, daß wir nicht wünschen im Zorn zu handeln, so wie du es uns auf diktierst zu tun. Lassen wir diese gewaltigen Kräfte des Zorns frei, handeln wir nicht länger in Übereinstimmung mit unseren eigenen Wünschen und Zielen."

Nebel lehnte sich vor und sah Tumor milde an. "Wir können die Menschen vernichten, aber wir wollen nicht, daß es geschieht. Es wird sich nie wiederholen, das, was geschehen ist. Nie wieder wird einer aus diesem Kreis seine Kräfte gegen eine Schwester oder einen Bruder wenden."

Sie flüsterten ihm ihr Einverständnis zu, als ob sie schon daran gewöhnt waren.

"Es ist unser Wunsch, und es soll so sein, daß alles aus dem gemeinsamen Willen des Kreises der Geister heraus wachsen soll. Nur wenig kann aus einer Gemeinschaft wachsen, wenn der Geist, der hinter dem Willen steht, allein ist!"

Tumor wirkte jetzt beunruhigt, bei dem Gedanken alleingelassen zu werden. Ein Wirr-Warr der Gefühle wirbelte durch seine Gedanken, Gefühle, von denen er ihnen so gerne erzählt hätte. Aber, selbst wenn er wußte, daß sie wahr waren, sah er ein, daß er dieselben Dinge schon vorher gesagt hatte, ohne daß er in Übereinstimmung mit seinen eigenen Versprechen gehandelt hatte. Er befürchtete, daß sie ihm nicht zuhören würden, und schwieg deswegen, um Zeit zu gewinnen. Er betrachtete seinen Bruder, den Geist der Berge und fühlte plötzlich Ehrfurcht.

Ozean erwiderte seinen Blick. Es war keine Furcht in Ozeans Augen zu entdecken, davor, daß er seinen Bruder Tumor nicht verstand. Der Geist des Meeres war sich seiner eigenen, unfassbaren Stärke bewußt geworden und fürchtete den Geist der Menschen nicht mehr.

Tumor senkte den Blick.

Es war wie ein schlechter Traum. Einen Augenblick hörte er das Tosen des Meeres und fühlte den Strudel gewaltiger Energien, die sich in Ozeans Seele befanden.

"Du hast die Wahl, Bruder Tumor." Nebel brach das Schweigen. "Du mußt dir klar darüber werden, ob du wünschst in die Gemeinschaft der Geister einzugehen. Und du mußt sicherstellen, daß die Menschen in Übereinstimmung damit handeln. Aber eine Warnung wollen wir dir geben, mein Bruder: Es ist spät, sehr spät für die Menschen, sich zu ändern, denn die Welt ist nicht mehr in der Balance - und wir schaffen es nicht mehr viel länger den Veränderungen entgegenzuwirken."

Es dauerte etwas, bis Tumor antwortete. "Wie soll ich euch Bescheid geben?" flüsterte er. "Wo kann ich euch finden, wenn ihr mich wieder verlaßt?"

"Wenn die Menschen den Schritt zur Änderung machen, dann wissen wir, daß du die notwendige Wahl getroffen hast. Und dann kannst du deinen Platz im Kreis der Geister einnehmen."

Nebels Stimme erstarb.

Tumor saß mit dem Blick auf den Felsen vor sich geheftet da. Er dachte darüber nach, wieviel es von den Menschen verlangen würde, ihre Auffassung von der Welt zu ändern. In seinem Innersten zweifelte er daran, ob die Menschen den Ernst der Lage einsehen könnten, aber er traute sich nicht, das auszudrücken.

Er brauchte Zeit zum Nachdenken und wußte gleichzeitig, daß er nicht viel Zeit hatte. Er hob den Kopf und wollte gerade etwas zu ihnen sagen, als er bemerkte, daß sie weg waren. Sie hatten ihn verlassen.

Nur einer war nicht davongezogen. Er saß auf der Felswand, so wie er schon einmal dort gesessen hatte, als sie sich an derselben Stelle getroffen hatten.

Es war Hara, der Geist der Wüsten.

Haras Augen sahen ihn leer und abschätzend an. Er zeigte kein Anzeichen irgendeines Zorns oder von Verständnis, und machte nicht den Eindruck irgendeiner Aufmunterung oder aber Verachtung. Er verhielt sich so vollkommen neutral, wie die Leere und Einsamkeit in seiner Seele es bedingten.

"Sie zogen fort?" flüsterte Tumor.

Hara hätte nicken können, aber er tat es nicht

Tumor drehte sich etwas, und starrte über den Himmel. Die Wüste tief unter ihm war vom Mond und Sternen, die aus fernen Galaxien schienen, beleuchtet.

Hoch über der unfruchtbaren Ebene schwebte der Adler fort.

Er empfand es, als flöge er zum Mond, bis ihm klar wurde, daß er in eine andere Welt hineinsah, denn sein Weitblick war nicht mehr begrenzt. Er befürchtete, daß sie ihn aufgegeben hatten, und seine Antwort nicht abwarten würden, und ein Gefühl hoffnungsloser Einsamkeit bemächtigte sich seiner Seele; während der Adler weiter fortflog zu einem Ort, von dem er wußte, daß er, Tumor, ihn nie finden würde.

Er wandte sich zu Hara und flüsterte: "Ich werde versuchen..."

Hara hatte sich erhoben. Er ging zum Rand des Felsens und sah über die Wüste hinaus.

"Ich bin nicht wie die anderen," sagte er trocken. "Ich kannte deine Antwort bereits, bevor du sie gabst."

"Wie meinst du das?" fragte Tumor.

Hara drehte sich mit einem Ruck. "Es ist nicht genug, nur zu versuchen!" sagte er hart.

"Tumor - du , der du der Schwächste der Geister der Welt bist; der Schwächste und doch der Gefährlichste. Du mußt die Veränderung wählen, glaube ihnen und ändere das Bestehende."

"Wenn ich kann..." sagte Tumor unsicher und senkte den Blick.

"Sieh mich an!" rief Hara. Tumor hob den Kopf und studierte ihn.

"Ich bin deine Welt, wenn du es nur versuchst!" drohte Hara mit einem Flüstern. "Ich bin dein einziger Bruder, wenn du es nur versuchst. Du kannst wählen zwischen dem Leben - und mir!"

Nachwort

Er schwebte in einer ständig steigenden Bewegung empor - der Adler, der sich wie eine schwarze Silhouette am Himmel zwischen der äußeren - und der inneren Welt bewegte. Er war nicht an physische Begrenzungen gebunden, so wie Menschen sie begreifen und sich von ihnen führen lassen und damit sich selbst begrenzen.